Georg Bergler

# KURIOSITÄTEN
### Bemerkungen zu Mensch und Wirtschaft

MARKTWIRTSCHAFT UND VERBRAUCH

Schriftenreihe der GfK-NÜRNBERG
Gesellschaft für Konsum-, Markt- und Absatzforschung e. V.

BAND 30

# KURIOSITÄTEN
Bemerkungen zu Mensch und Wirtschaft

Georg Bergler

BERLIN 1973

Georg Bergler

---

## KURIOSITÄTEN

Bemerkungen zu Mensch und Wirtschaft

30

MARKTWIRTSCHAFT UND VERBRAUCH

Schriftenreihe der GfK-NÜRNBERG
Gesellschaft für Konsum-, Markt- und Absatzforschung e. V.

DUNCKER & HUMBLOT · BERLIN

Alle Rechte vorbehalten · © 1973 Duncker & Humblot, Berlin 41
Satz und Druck: E. C. Baumann KG, Kulmbach · Printed in Germany
ISBN 3 428 02892 9

INHALTSVERZEICHNIS

| | |
|---|---|
| Vorwort | 7 |
| Das Leben in der Industrie-Gesellschaft | 11 |
| Über den Geltungsnutzen | 19 |
| Sammeln und Sammler | 25 |
| Über den Spielautomaten | 41 |
| Außerordentliche Werbung | 59 |
| – Wirkungsvolle Warenhaus-Werbung | 64 |
| – Markenartikel-Werbung | 66 |
| Die verzauberte Marke | 69 |
| Kunst und Kitsch in der Werbung | 73 |
| Das berühmteste Inserat der Welt | 81 |
| Von der Mode | 85 |
| Beziehungen zwischen Politik und Mode | 91 |
| Kleiderordnungen | 105 |
| Mode-Kuriositäten | 115 |
| Zur Geschichte der Sterbekassen | 121 |

## Vorwort

Wenn es sich auch um kleinere Arbeiten handelt, sozusagen am Rande entstandene, die ich hier zu einem recht bunten Strauß zusammengebunden habe, so kommt ihnen doch eine besondere Bedeutung zu. Will man sie in eine Ordnung bringen, was mit nicht geringen Schwierigkeiten verknüpft ist, bieten sich vier Forschungsbereiche an: Absatzforschung – Werbeforschung – Verbrauchsforschung – Modeforschung. Es verbliebe dann ein Rest, der nicht mehr zugeordnet werden kann. Aber vielleicht ist dieser am wichtigsten, weil die ihm zugehörigen Arbeiten am tiefsten in die Wesenheit des Menschen einzudringen scheinen. Sie sind damit gleichzeitig Ausgangspunkt für die wirtschaftlichen und sozio-ökonomischen Sachverhalte, denen in den vier Arbeitsbereichen nachgegangen wird.

Entstanden sind die Arbeiten auf eine besondere Weise, die doch wiederum für jeden Gelehrten ein alltägliches Erlebnis ist. Bei der Materialsuche und Aufbereitung für größere Arbeiten, auch bei der Gestaltung von Vorlesungen, fielen viele hochinteressante Einzelheiten an, auf die mit Bedauern nur mit einer kleinen Fußnote hingewiesen werden konnte. Werden sie nicht gesammelt, so sind sie unwiederbringlich verloren. Dabei wären es die vielen unbekannten und oft sehr ausführlichen, farbigen Hinweise wert, zur Grundlage für eigene größere Arbeiten zu werden. Weil mir sehr viel solches Material in die Hand gekommen ist, konnte ich der Versuchung nicht widerstehen, ihm eine eigenständige Form zu geben – entweder in kleineren Hinweisen oder auch in Aufsätzen, die deutlichere Aufschlüsse geben konnten –, eben in Form von kurzen oder ausführlicheren Fußnoten. Dabei bin ich oft zu Einsichten gekommen, die mir wiederum zu einer Förderung meines primären Vorhabens dienten. So mußte ich mich in Wort und Schrift ausführlich mit der Erscheinung des Verkaufs- und Dienstleistungsautomaten beschäftigen. Das für meine Zwecke brauchbare Material war wider mein Erwarten eigentlich recht dünn gesät. Deshalb wurde auch meine Materialsuche notwendig auch immer weiter ausgreifend. Der

Spielautomat trat so stark in den Vordergrund, daß ich über ihn eine recht umfangreiche Fußnote schrieb. Er blieb Spielzeug und wurde zum Sammelobjekt, aber er ist nie zum Werkzeug des Verdienen-Wollens geworden. Ihm steht der Verkaufs- und Dienstleistungsautomat als ein Geschöpf der Rechenhaftigkeit gegenüber. Von der einen Verspieltheit führen die Gedanken schließlich zum Geschöpf der Macht, der »gläsernen Biene« des Ernst Jünger. Damit tritt die Philosophie in den Vordergrund, wie sie sich durch die ganze Abhandlung hindurchzieht. Sie kann die ungezählten Erscheinungen des Lebens erkennen, ordnen, und ihnen den rechten Platz zuweisen. Im Spielautomaten begegnet uns der Mensch nicht nur in Traum und Zweckhaftigkeit. Der Mensch, dem wir so leichtsinnig den doch auch wieder bezeichnenden Namen »der Verbraucher« gegeben haben, ist eben doch anders, als es der Bienenfleiß zahlloser Forscher zu erklären vermocht hat. Aber freilich, wir sind so sehr Spezialisten geworden, daß uns jene umfassende Schau im Grunde gar nicht mehr möglich ist. Wir entwickeln eine Fähigkeit in besonderem Maße und leisten dann auch auf einem eng begrenzten Fachgebiet Unmäßiges. Aber der Spezialist ist losgelöst vom Mutterschoß des Geistigen. Alle Bildung fällt von ihm ab. Das gilt sehr stark für den Wirtschaftswissenschaftler unserer Zeit. Er ist in der Lage eines Arztes, der nur etwas von Hals, Nasen und Ohren versteht und doch wie der große Paracelsus den Menschen als Geistwesen und als Ganzes begreifen wollte.

Ähnlich ist es mir mit meiner Arbeit über das Sammeln gegangen. Längst ist bekannt, daß Briefmarken zu einer ökonomischen Erscheinung geworden sind. Sie werden von Ungezählten gekauft und verkauft. Welches wirtschaftliche Schrifttum gibt es darüber? Es läßt sich an den Fingern einer Hand aufzählen. Was aber wissen wir über die ungezählten Sammelobjekte anderer Art, wenn wir einmal von den Versteigerungen alter Möbel und Bilder absehen? Seit wenigen Jahren ist das Sammeln zum Geschäft von beachtlichem Ausmaß geworden. Die Menschen werden wie von einem Fieber geschüttelt. Mein Material wuchs und wuchs. Aberhunderte von Sammelobjekten fanden sich, darunter merkwürdige, kuriose. Es fanden sich Berichte über Sammler, die hungerten, stahlen, mordeten, die Vermögen und Leben opferten; auch darüber, wie aus Sammlern recht erfolgreiche Unternehmer wurden.

Traum und Rechenhaftigkeit, Freude und Gewinnsucht stehen nebeneinander. Welche Spannungen muß der Mensch in sich austragen? Vielerlei wirtschaftlich bestimmte Untersuchungen bieten sich an.

Vielleicht ist durch die beiden Stichworte »Automat« und »Sammeln« deutlich geworden, welches mein Anliegen für dieses Buch gewesen ist. Ich leugne nicht, daß es mir Freude gemacht hat; denn auch ich war in der Lage eines Sammlers. Immer von neuem ließ ich mich von einem Fund überraschen. Aber worum es sich auch handelte: stets bin ich auf die Herrlichkeit des Menschen gestoßen, der doch zugleich die Wahrheit jenes Wortes spürt: »Wir sind Bettler, das ist wahr«, sondern mehr noch, daß er unzufrieden ist und sich arm fühlt, weil es doch so viele Dinge gibt, die ihm noch nicht zugefallen sind. Und stets sah ich, daß dem Forscher meines Faches aufgegeben ist, das große Werkzeug des Menschen zu untersuchen: die Wirtschaft.

Heroldsberg, September 1971

Georg Bergler

# Das Leben in der Industrie-Gesellschaft

Für den Ausdruck Industrie-Gesellschaft gibt es die verschiedenartigsten Deutungen. Hier soll er in einem ganz besonderen Sinn verwendet werden. Die ungeheure Bevölkerungsvermehrung des 19. Jahrhunderts braucht den industriell hergestellten Massenartikel, damit der einzelne zu bestehen vermag. Der Massenartikel ist billiger als der handwerklich hergestellte. Das bedeutet, daß der Verbraucher für das gleiche Geld mehr kaufen kann als bisher. Die neue Art der Fertigung läßt die Arbeiterheere entstehen, deren Kaufkraft gegenüber der alten Gesellschaft fortwährend wächst, bis sie den hohen Stand der Gegenwart erreicht, ohne daß sie damit schon am Ende angelangt wäre. Damit einher geht zwangsläufig der Wunsch nach mehr und stets breiter werdenden Variationen. Das Güter- und Dienstleistungssortiment nimmt einen unüberschaubaren Umfang an. Freilich geht damit auch eine fortwährend abnehmende Lebensdauer der Güter einher. So muß die Materialgüte abnehmen. Die Mode sorgt sichtbar für Kurzlebigkeit. Der Grundnutzen muß demgemäß abnehmen, während der Zusatz- oder Sozial-Nutzen zunehmen muß. Jedenfalls handelt es sich um einen emotional bedingten Nutzen. Der Hunger nach dem Neuen, Neuesten, der steten Abwechslung, die damit verbunden ist, wächst ins Ungemessene – und der nach immer mehr Gütern. Damit spielt der demonstrative Nutzen ganz gewiß eine Hauptrolle. In ganz kurzen Intervallen wechselt die gesamte Warenwelt ihr Gesicht. Was heute noch erstrebenswert ist, wird morgen achtlos auf die Seite geschoben. Freilich wächst eine nervöse Unsicherheit immer stärker. Die Frage, was ist das Richtige, welches den erstrebten Nutzen vermitteln kann, ist auch wegen der mangelnden Transparenz kaum zufriedenstellend zu beantworten. Gerade dies aber fördert eine weitere Steigerung des Verbrauchs. Nach diesen wenigen Andeutungen läßt sich wohl mit einiger Berechtigung besser von Verbrauchsgesellschaft reden.

Damit wäre auch angedeutet, daß sich die Lebensgewohnheiten fortwährend ändern. Das gilt erst recht für die vor uns liegenden siebziger

Jahre. Der Verbraucher von morgen sucht den Reiz der Abwechslung. Er kennt keine Treue. Es wird nur noch zweckdienliche Verbindungen geben, und der Ausdruck »meine Kundschaft« wird antiquiert sein. Die Scheidung zwischen erklärungsbedürftigen und problemlosen Waren wird entgegen dem heutigen Zustand immer stärker werden. Wo jede Ware in jedem Geschäft zu finden ist, kommt es ganz zwangsläufig zum ruinösen Wettbewerb. Je mehr wir uns auf den Massenmenschen einrichten, desto näher ist die Rückkehr zum Individualismus.

Seit der Industrialisierung geht der Verbrauch von kohlehydratreichen Nahrungsmitteln zurück (Kartoffeln, Brot), während der von leichten Nahrungsmitteln steigt (weißes Fleisch, Fisch, Eier usw.).

Obstverbrauch pro Kopf (in kg):

|  | 1935/36 | 1967 | 1975 |
| --- | --- | --- | --- |
| Frischverbrauch | 36,3 | 72,3 | 75 |
| Südfrüchte | 5,7 | 22,5 | 27 |

Für 1975 wird mit 16,8 Mio. Kraftwagen gerechnet. Die Zahl der Auslandsreisen, und hier wiederum in immer entferntere Länder, nimmt stürmisch zu. Wie viele Menschen Entbehrungen auf sich nehmen, um einen Kraftwagen halten zu können, so sparen noch mehr ohne Unterlaß für die Reisen, nicht wenige darunter für Weltreisen. Die Sehnsucht in die Ferne findet sich gerade in den unteren Einkommensschichten. Daraus ergibt sich eine seltsame Differenzierung der Lebensgewohnheiten. Den Großteil des Jahres lebt der Verbraucher unter seiner Kaufkraft, den kleineren weit darüber. Zwar gibt es solche Unterschiede schon seit etwa 100 Jahren; aber sie waren nicht so auffallend groß. Auslandsreisen waren selten. Die Ausgaben waren nicht so aufwendig. Der Reisezubehör wird vielfältiger. Das Badezeug etwa war sehr einfach. Heute braucht man drei und mehr Badekostüme, Strandanzüge, Kostüme, Anzüge, Kleider aller Provenienzen. Baden und Schwimmen sind häufig ein Vorwand für das Zeigen der Eleganz und Vornehmheit. Ski-Anzug und Après-Ski gehören zusammen. Wie oft spielt dabei das letztere die Hauptrolle!

Der bescheidene Besitzer eines bescheidenen Wagens fühlt sich verpflichtet, am Wochenende oder am Sonntag vor die Stadt zu fahren, »ins Grüne«. Die kurze Reise endet meist im Gasthaus zum Essen und zum Kaffee. Das muß sein, wenn damit auch eine schwere Hypothek auf den Wagen aufgenommen wird.

Dieses Essen auswärts wird aber in steigendem Maße von den berufstätigen Frauen wahrgenommen. Ihre Zahl wird noch sehr schnell weiter zunehmen. Die berufstätige Frau kocht nicht mehr zu Hause. Des Abends wird sie sich auf Schnellküche einstellen. Das bedeutet über die heutigen Ansätze hinaus das Fertiggericht, welches sich bereits im Vormarsch befindet. Die Küche als wichtiger Raum des Hauses, ja, als uraltes Symbol der Geborgenheit, wird zur Kochnische; Küchengeräte aller Art werden stark zurückgedrängt. Dagegen müssen die Großhaushalte weiter wachsen. 27 500 Großverpflegungseinrichtungen stehen heute schon zur Verfügung bei Kantinen in

Industrie, Behörden, Universitäten, Altersheimen, Sanatorien, Krankenhäusern, Kindergärten, Ferienheimen, Wohnheimen, Kinderheimen, Lagern.

Die Gemeinschaftsverpflegung der Bundeswehr darf dabei nicht vergessen werden.

In vielen Betrieben stehen Getränke- und Essens-Automaten. Und außerdem zählen wir 246 000 Verpflegungsbetriebe vom Hotel bis zum Gasthaus, von der Bahnhofsgaststätte bis zur Trinkhalle. Von Jahr zu Jahr nimmt ihre Zahl zu. Ihr Wachstum ist noch lange nicht zu Ende. Auch an Tankstellen werden zunehmend Getränke- und Essens-Automaten aufgestellt.

Auch wer Haus und Garten sein eigen nennt und deshalb eine ganz andere Bedarfsskala hat, ist doch, durch Beruf und auswärtige Tätigkeit gezwungen, von der Verpflegung durch die Großküche abhängig. Der Arbeiter mit dem Henkeltopf, der fast ein Wahrzeichen war, gehört längst der Vergangenheit an.

Nun aber ist zu sagen, daß die zunehmende Zahl der Stoffwechselkrankheiten auch in zunehmendem Maße die Einnahme von Schonkost verlangt (heute etwa 25 % der Essensteilnehmer im Betrieb). Die Zahl wird im nächsten Jahrzehnt stark ansteigen. Führt das Verschwinden der Schwerarbeit zur leichteren Ernährung, so die veränderten Lebensbedingungen (Beruf, Verkehr, schnelle Ortsveränderungen, Kampf um größere Geltung, höheren beruflichen Rang, größeres Einkommen, spezialisiertere Arbeit usw.) zur nervösen Reaktion und eben zahlreichen Stoffwechselkrankheiten. Schonkost wird immer wichtiger werden. Aber wie kann eine Großküche damit auch nur einigermaßen fertig werden? Hier wird die Rückseite der Großverpflegung und die Wichtigkeit des Kochens zu Hause recht deutlich. Schonkost wird natürlich auch von den Ungezählten in Anspruch genommen, die sich gezwungen sehen, jung und schlank zu bleiben.

Demnach ergibt sich: Die berufstätige Frau kocht nicht mehr zu Hause; die wachsende Freizeit und ebenso der höhere Lebensstandard führen zum Essen aus der Großküche. Schonkost aus der Großküche wird mit zunehmender Intensität verlangt. Der moderne Mensch ist mobil. Immer unterwegs, will er auch dort zur rechten Zeit sein Essen haben.

Wie derjenige Schonkost verlangt, der nicht alt werden will, braucht sie auch der Mensch, der alt geworden ist. Die Alterserwartung steigt und steigt. Spätestens im Jahr 2000 soll der Hundertjährige eine Selbstverständlichkeit sein. Er wird weit über sein 65. Lebensjahr hinaus tätig sein können. Und er wird ängstlich sein, weil der Mensch auch mit hundert Jahren nicht – noch nicht – sterben will. So braucht er aus physischen und psychischen Gründen eine Ernährung besonderer Art, eben die Altersernährung. Ob das ständig wachsende Heer der Altgewordenen auch über die bisherige Altersgrenze hinaus noch tätig sein kann, muß dahingestellt bleiben. (Wenn auch die Invaliditätsgrenze weit unter 60 Jahren liegt, was zu Nachdenken und Maßnahmen führen sollte.) Aber in Ruhe oder im Dienst, der Altgewordene möchte gesund sein und immer noch jugendlich wirken. So wird er alle Essensvorschriften befolgen und auch gern kosmetische Mittel verwenden.

Wie für den alten Menschen, ist ein ganzes System der Ernährung und Pflege für den ganz jungen Menschen entwickelt worden, die Babykost. Es bliebe dann nur die große Mittelschicht im Altersaufbau, die auf keine Besonderheiten der Ernährung achten muß. Aber gerade ihr gehören die 25 % der Schonkostbedürftigen an und die unbekannte Zahl jener, die der Körper- und Schönheitspflege soviel Aufmerksamkeit und Geld opfern. Dicke Männer sind nicht mehr gefragt. Sie sehen alt und nicht mehr wendig genug aus. Auch wird ihrer Gesundheit mißtraut. Erst recht werden schlanke Frauen bevorzugt. Sie alle suchen die Kost, die »nicht anschlägt« oder das überflüssige Fett verschwinden läßt. Gesundheit und Schönheit sollen Hand in Hand gehen.

Es ist wahrhaft tragisch, daß in Amerika und in Ansätzen bereits auch in Deutschland der arbeitende Mensch – je höher er steht, um so früher – bereits durch übermäßige Arbeit und Verantwortung ausgebrannt zu sein scheint. Mit 45 Jahren wird in den Ruhestand geschickt, wer in den nächsten Jahrzehnten noch ausgezeichnet mit 75 Jahren arbeiten könnte. Wer vierzig Jahre alt ist, hat auch in Deutschland kaum noch Aussicht, eine neue gute Stellung zu finden. Er ist eben zu alt. Sein Können und seine Erfahrung spielen dabei gar keine Rolle. Der Mensch hat also Aussicht auf ein längeres Leben, aber immer mehr Menschen mit höherem und jüngstem Alter müssen einen nicht gewollten Ruhestand leben. Die Zahl der Arbeitenden wird fortwährend geringer. Sie aber müssen die Mittel für die nicht mehr Arbeitenden erbringen. Und wiederum, die nicht erstrebte Freizeit kostet Geld. Leben ohne Beschäftigung bedeutet Tod. Jeder Tätige sucht den gefürchteten Tag, der ihn zum Rentner macht, hinauszuschieben. So sucht er die rechte Diätnahrung, Heilmittel, Beruhigungsmittel, Kosmetika. Der an den Strand gespülte Mensch lebt in der Hoffnung und tut das gleiche. Der Bedrohte, ob 45 oder 70 Jahre alt, will jung sein um jeden Preis. Der junge Mensch ist sich nicht alt genug. Leben, erleben, Genuß und Glanz sind auf einen ganz kurzen Zeitraum zusammengepreßt. Da muß jede Stunde bis zur Neige ausgeschöpft sein. Und wieder sind alle Mittel und Möglichkeiten notwendig. Der Mann trägt das Toupet, damit seine alt- und häßlichmachende Glatze verschwinde. Die Frau opfert ihrer Schönheitspflege viel Zeit, viel Geld. Das Optimum ist noch lange nicht erreicht. Sie pflegt ihre Figur, Mann und Frau ziehen sich so elegant wie nur möglich an. Wie oft werden sie unter der Last dieser Pflichten seufzen. Schönheits- und Gesundheitspflege sind auch gar nicht billig. Aber sie sind in der Welt des Berufs und der Arbeit, wie auch im geselligen und privaten Umgang zum unabdingbaren Grundbedarf geworden. Man muß schön und jung sein, um in der Welt bestehen zu können. Wenn das teuer ist, muß man eben auf andere Bedarfe verzichten. Deswegen hat sich die Rangfolge der Bedarfe schon jetzt geändert. An erster und zweiter Stelle stehen Gesundheit und Bildung und an dritter Reisen und Kraftwagen. Diese Tendenz wird sich noch weiter verstärken.

Bildung und Reisen verlangen noch einige Aufmerksamkeit. Trotz der recht kurzen Berufstätigkeit drängen offenbar doch noch zu viele an die freien Arbeitsplätze. Auch sorgen weitere Rationalisierung, Technisierung, Automation dafür, daß ständig weniger Arbeitende gebraucht werden. Schließlich arbeitet die moderne Sozialpolitik auf eine weitere Verkürzung der Arbeitszeit hin. Damit können viele in kurzer Arbeitszeit beschäftigt werden. Es wird damit gerechnet, daß Anfang der achtziger Jahre die Arbeitszeit nur noch dreißig Stunden beträgt. Es ist aber auch bekannt, daß nur wenige Menschen mit ihrer Freizeit etwas Vernünftiges anfangen können. Was der Mensch aber auch tut, um die Langeweile zu vertreiben oder ganz neue Fähigkeiten an sich zu entdecken und sie zu entwickeln – es kostet Geld.

Der Mensch, der erst einmal richtig sieht, was man alles kaufen kann, wird vom Ding überwältigt wie nie zuvor. Der Mensch, der unter dem Druck einer ungewissen Zukunft lebt, der Angst vor dem frühzeitigen Ruhestand hat, sie alle brauchen mehr Geld, um das Problem der Freizeit auf ihre Weise zu lösen. Die dreißig Stunden werden daher einen höheren Lohnertrag als die bisher längere Arbeitszeit erbringen müssen. Welche Möglichkeiten aber gibt es? Da wäre wohl an erster Stelle die Camping-Bewegung zu nennen. Sie hat jetzt schon einen erheblichen Umfang angenommen. Wer richtig ausgerüstet sein will, mit Zelt oder Wohnwagen, mit einer Mini-Einrichtung, der hat einen erheblichen Erstaufwand und ansehnliche fixe Kosten. Wer sich auf die Campingreise macht, braucht Nahrungsmittel und Getränke. Aber niemand will lange und umständlich kochen. Aber vielleicht kann er dabei seine Besonderheiten (Schonkost etwa) leichter berücksichtigen als im Gasthaus. Das läßt sich natürlich noch viel weiter ausbauen. Aber auf jeden Fall muß bedacht werden, daß man »Camping« nicht Woche für Woche und Sommer wie Winter regelmäßig betreiben kann. Ganz abgesehen davon, daß dann die Freude bald verflogen wäre und der »Sport« ganz aufgegeben würde. Das Gesetz vom abnehmenden Ertrag macht sich ja auch schon bei der heute betriebenen Art recht deutlich bemerkbar. Die Kosten jedenfalls sind so oder so ganz erheblich. Die Freizeit ist nicht ganz ausgefüllt. Sie bedarf einer Ergänzung. Die kann in Gartenarbeit, im Lesen, in der Beschäftigung im Haushalt bestehen, auch in »Schwarzarbeit« für andere, im Sammeln oder im Fernsehen, Anhören von Schallplatten, im Besuch von Theater, Einrichtungen zur Unterhaltung oder auch im Biertrinken im Wirtshaus. Für manche gibt es den aktiven, für viele den passiven Sport. Der Besuch von Fortbildungseinrichtungen oder die eigene Fortbildung müssen besonders genannt werden. Schon der Mensch der siebziger Jahre wird dessen schmerzhaft innewerden, daß er seinen erlernten Beruf keineswegs bis ans Ende seines Lebens beibehalten kann. Er wird einen zweiten Beruf erlernen müssen, wenn er im Rennen bleiben und seinen Lebensstandard durchhalten will. Und er muß sich dabei in seinem jeweiligen Beruf ständig weiter fortbilden. Diese Notwendigkeit rückt von Jahr zu Jahr stärker in den Vordergrund. Wer ihr nicht nachkommt, wird von der elitären Führungsschicht in die große Masse der immer Auswechselbaren absinken, weil sie nur noch Handgriffe zu tun haben, eintönig, gleichförmig vom Morgen bis zum Abend. Wenn auch für viele Bildung ausschlaggebend wird, so ist die Freizeit damit doch nicht ausgefüllt. Es muß daher in jedem Fall mit mehreren Freizeitbeschäftigungen gerechnet werden.

Am Ende stellt sich dann die Frage, ob für die Lebensgestaltung die Freizeit oder der Beruf maßgebend ist. Danach ergeben sich zwei unterschiedliche Verbrauchertypen, die in ihren Bedarfen ganz und gar voneinander abweichen. Wie dem auch immer sei, schon heute wird deutlich: Der Mensch denkt in Erlebnissen, Erwartungen, Vorstellungen, in Ängsten, Leitbildern, Träumen. Er will immer dabei sein, doch er selbst bleiben. So wird sich der Handel noch weiter ändern und ausdehnen. Er wird zunehmend nicht mehr Waren, sondern Bedarfsbündel anbieten. Diese werden in sich bergen Erlebnisinhalte, Vornehmheit, Schönheit, Gesundheit.

Wie alt der Mensch in den nächsten Jahrzehnten auch werden mag, von wie vielen Krankheiten er befreit werden wird, er wird doch in steter Angst vor dem Absinken seiner Leistungsfähigkeit oder vor Krankheit sein. Vielleicht ist auch seine Leidensfähigkeit nicht mehr so stark wie die vergangener Geschlechter. Er wird auf die geeignete Nahrung ausgehen, ununterbrochen, und er wird Gesundheitsmittel ohne Unterlaß suchen. Daraus ergibt sich ein fortwährendes Wachsen der einschlägigen Industrie und des ihr zugehörigen Handels.

Aber nur eine reiche Volkswirtschaft kann sich eine solche Ausweitung ihres Sozialprodukts leisten. Die Kapazität der technischen Apparatur ist so groß, daß ihre Ausbringung größer als die Nachfrage sein wird. Sie wird ständig neue Waren herstellen und nach kurzer Zeit durch andere ersetzen. Sie wird sich damit der neuen Gesellschaft und deren weitausgreifenden Wünschen anpassen. Entsprechend wird die Kaufkraft steigen. Sie wird die Finanzierung der zwangsläufig länger werdenden Freizeit ermöglichen. Der »kleine Mann« der Vergangenheit ist ausgestorben. Die Industrievölker leben im Wohlstand. Sie haben sich mit Hilfe des Dings eine seltsame Welt der Zivilisation aufgebaut, denn sie werden ewig unzufrieden sein und von Ängsten geplagt werden, so reich sie auch sein werden. Die größte ihrer Ängste ist die um Leben und Gesundheit. Wenn es dazu dem Menschen endgültig gelungen ist, den Schritt ins All zu tun, dann läßt sich ohne Gefahr sagen, daß zweckentsprechende Nahrungs- und Genußmittel für die siebziger Jahre große Aufgaben und Wachstumsmöglichkeiten vor sich haben.

## Über den Geltungsnutzen

Es ist viel über den Geltungsnutzen geschrieben worden, seit Wilhelm Vershofen dieses Wort, welches seit langem in den allgemeinen Sprachgebrauch übergegangen ist, geprägt hat. Die Verbrauchsforschung hat ungezählte Beispiele gefunden, und ebenso die Meinungsforschung. Freilich, es ging dabei immer um die Verhaltensweise einer größeren oder ganz großen Zahl von Befragten, von deren Antworten repräsentative Schlüsse auf das Ganze möglich sein mußten. Wünsche und Verhalten einiger ganz weniger bleiben am Rande, weil sie eben zahlenmäßig zu geringfügig sind, als daß sie noch zu Buche schlügen. Die Frage aber ist, ob nicht jene Randsiedler, die mit ihren Meinungen vereinzelt auftreten, doch schon die Richtmarken für die Zukunft setzen. Sie mögen lächerlich oder seltsam wirken, von allen abgelehnt werden und können doch bloßlegen, was latent in der großen Masse schlummert. Genauso gut kann es bei der Vereinzelung bleiben. Die Gesellschaft erträgt auch diejenigen ihrer Angehörigen, die eigene Wege gehen, in dem sie sie mit Stillschweigen übergeht oder der Lächerlichkeit aussetzt. Sie folgt ihnen aber nicht, so wenig sie einen äußeren Zwang ausübt, die Besonderheit aufzugeben. Es kommt nur darauf an, ob der einzelne die Einsamkeit inmitten der »Gesellschaft der Gleichen« erträgt und sich unbeirrt nach seiner eigenen Vorstellung zu verwirklichen sucht.

Geltungnutzen wird dann in hervorragendem Maße erzielt, wenn man anders ist als alle anderen, wenn man die Aufmerksamkeit vieler erregen kann, beneidet oder bewundert wird. Nach Geltung in solchem Sinne sehnt sich wohl der Mensch in erster Linie, der sich vom Schicksal stiefmütterlich behandelt fühlt, von dem niemand Notiz nimmt, der immer in der Ecke steht, der nicht schön oder auch nicht stark ist, der sich als ein Nichts empfindet, dem noch niemals Gottes Sonne geschienen hat.

Dieser Zustand ist weit verbreitet, ganz große Gruppen leben in ihm oder glauben dies wenigstens. Sie haben ihn als Realität längst überwunden, aber selbst in der vollkommenen Gesellschaft der Gleichen läßt sich nicht alles in Wohlgefallen auflösen. Vergangenes belastet die Gegenwart mit einem oft schweren Trauma. Zu den generellen Gruppenerlebnissen kommen aber auch noch die der einzelnen, die so nur von ihnen hingenommen werden oder gegen die sie auf ihre besondere Weise reagieren, um sie zu überwinden. Je spezieller diese Erlebnisse werden, desto speziellere Hilfeleistungen sind notwendig. Alle laufen an ihnen vorüber oder lächeln belustigt, auch nachsichtig über solche ungewöhnlichen Dienstleistungen, die sich tüchtige Leute einfallen lassen und daraus ein Spezialgeschäft entwickeln; denn von der Hilfe des Psychologen oder Arztes soll hier nicht die Rede sein. Ihnen wird der »pathologische Fall« zugeführt, der für die Erforschung der Verhaltensweise unter wirtschaftlichen Vorzeichen nicht mehr interessant ist.

Bei der Materialsammlung kommt demjenigen, der solchen Fragen nachgeht, vieles unter die Finger, was er oft nur am Rande, vielleicht mit einem einzigen Satz oder auch gar nicht verwenden kann. Und doch legt er das Gefundene nicht gern aus der Hand, weil es für sich interessant ist und das unbekannte Wesen Mensch in einer Facette widerspiegelt, die Hintergründe aufleuchten läßt oder Erklärungen für einen anderen Fragenbereich beibringen kann.

Mich hat eine Notiz in hohem Maße angeregt (zum Nachdenken, zur Ironie, zur Hochachtung vor der Tüchtigkeit des geschilderten Mannes), die ich in der »Deutschen Zeitung« vom 9./10. Juli 1960 fand und die folgenden Wortlaut hat:

Ein Mann verkauft Selbstbewußtsein und Prestige.
Das originelle und einträgliche Geschäft des Mr. Lorenzo in Rom / Das Glück der Mitmenschen.

In Rom ist ein neuer Geschäftszweig eröffnet worden – der originellste und einträglichste in ganz Italien. Er macht sich den persönlichen oder den gesellschaftlichen, auch den zeitweilig amourösen Ehrgeiz der Bürger zunutze. Der Mann, der dieses Geschäft aufgebaut hat und der hofft, daß es besonders während der Olympischen Spiele blühen wird, läßt sich ganz einfach »Mr. Lorenzo« nennen. Sein Büro, komplett mit Sekretär, Stenotypistinnen und streng geheimer Kartei, befindet sich am Rande der Ewigen Stadt in einer hübschen, von weißen und roten Rosen umblühten Villa. In dieser Villa verkauft Lorenzo –

durch unzählige Annoncen in den großen Tageszeitungen Italiens, Englands und Amerikas bekannt geworden –, eigentlich das Glück.

»Das Glück meiner Mitmenschen«, sagt der rundliche Inhaber dieser sonderbaren Firma, die seit sechs Jahren besteht und heute den Namen CPRSV führt (Credito, Prestigio, Reputazione e Servizie Vanie), »beruht meistens nur auf einer rein materiellen oder physischen Grundlage. Und da können wir helfen!« Da sitzt zum Beispiel in einem bekannten Nachtlokal der Via Veneto ein engbrüstiger und timider Mann mit einem vielbewunderten Filmstar zusammen. Auf einmal tritt ein kraftstrotzender Riese an den Tisch, der die schöne Frau beleidigend und herausfordernd angrinst. Der kleine, unsportliche Alltagsmensch – fahlgrau von endlosen Stunden in seinem Büro – springt auf. Ein direkter Haken ans Kinn des Riesen – der fällt um wie ein Stein. Entschuldigungen der Direktion, Staunen in den Augen der schönen Begleiterin, eine kostbare, glückbringende Erinnerung für den schmalen Herrn. Er wurde zum erstenmal im Leben als Mann bewundert.

Das ist nur ein Scenario aus dem reichen Repertoire der Firma von Herrn Lorenzo. Andere sind die Privatjacht mit dem schmucken Matrosen, der lächelnd den Boß an Bord begrüßt, exklusive Gesellschaftsabende, zu denen man eingeladen werden kann, Absprachen mit führenden Vertretern des Vatikans, des politischen und wirtschaftlichen Lebens, die gegen klingende Lire möglich sind.

In der Kartei dieser seltsamen Firma stehen 8000 Namen. 3000 gehören zum italienischen Hochadel und den führenden Köpfen von Politik und Vatikan. Die übrigen 5000 sind Namen bekannter Universitätsprofessoren, Forscher, Journalisten, Filmproduzenten und Schauspieler. Durch Mr. Lorenzo kann heute jeder in kürzester Zeit einen schnellen Einblick erhalten in die Geheimnisse von Politik und Gesellschaft von Italien. Leider kostet dieser Dienst sehr viel Geld. Im übrigen legt Lorenzo großen Wert auf den guten Ruf seines Hauses: »Wir kontrollieren die Moral unserer Kunden und Verbindungen streng«, sagt er, »unsere Aufgabe ist, einen Menschen glücklicher, vielleicht auch erfolgreicher zu machen, indem wir seinen Minderwertigkeitskomplex beseitigen.«

Glücklicher also will Herr Lorenzo die Menschen machen. Nach seiner Meinung hat es meist materielle oder physische Grundlagen. Das ist kein schönes Urteil über den Menschen unserer Zeit. Aber zum Glück stimmt es doch nicht ganz. Die Sehnsüchte des armen Mannes, dem er zu einem Filmstar und zum Sieg über einen Herkules verholfen hat, kommen doch aus anderen Bereichen menschlichen Seins. Herr Lorenzo jedoch hat ein Geschäft damit aufgebaut. Minderwertigkeitskomplexe werden durch eine funktionierende kaufmännische Apparatur garantiert beseitigt. Das Geschäft geht sehr gut. Die Nachfrage muß also sehr groß sein. Das ist Grund genug, unser Interesse zu wecken.

Das Geschäft hat sich in Rom etabliert. Es will im Grunde den bescheidenen »Alltagsmenschen« für kurze Zeit glücklich machen. In England dagegen (so wird in der »Bunten Illustrierten« Nr. 16/1965 berichtet) wurde ein Geschäft nach den allermodernsten Einsichten gegründet, welches das »Außerordentliche« an den verkauft, der unter allen Umständen bemerkt werden will, der in den Spalten der Klatsch- oder Gesellschaftspresse genannt werden will, der aus der Übertreibung einen Geltungseffekt erzielen will. Sie besteht auch darin, daß nur der einzige das Außergewöhnliche vorführen kann, eben das, was er sich selbst ausgedacht hat und was sich Mr. David Whitehead mit seinem kleinen Laden unter der Firma »Impossibles Ltd.« unter allen Umständen zu beschaffen verpflichtet. Das Geschäft ist nach Art der in den angelsächsischen Ländern sehr viel mehr als bei uns bekannten Verbraucherclubs organisiert. Wer seine Dienste in Anspruch nehmen will, muß erst einmal Mitglied gegen einen Jahresbeitrag von 120,– DM werden. Dafür werden die Recherchen nach dem gewünschten Objekt angestellt. Ist es gefunden, muß der dafür angesetzte übliche Kaufpreis bezahlt werden und eine zusätzliche Gebühr von 10 % für »Impossibles«. 6300 Einzelmitglieder und 40 Firmen und Organisationen nehmen die Dienste des tüchtigen Unternehmers in Anspruch. 35 Rechercheure sind ständig auf der Suche nach den begehrten Objekten. Sie beschaffen ein altes Automobil von 1912 oder einen Rolls Royce mit Chauffeur, antike Waffen, den Landsitz eines Lords zur Miete, eine chinesische Dschunke, einen Elefanten aus Nairobi, einen echt englischen Butler. Ein Ölmagnat verlangte »150 Karten für das Cup Final, das größte Fußballereignis des Jahres, möglichst in Nähe der königlichen Tribüne«. Sie wurden für

22 000,- DM beschafft. »Kunden aus Deutschland verlangten merkwürdig geformte Schrauben, englische Kriegsmemoiren, Filmszenen von einem bestimmten Luftangriff auf Essen«. Eine englische Provinzdame suchte einen viktorianischen Kindernachttopf. Ein Amerikaner wollte ein Londoner Antiquitätengeschäft kaufen, das sich auf altes Silber spezialisiert. Ein Restaurant brauchte eine echte alte Postkutsche, um sie als Reklame vor dem Eingang aufzustellen. Eine große Düngemittelfirma wollte ... eine Party an einem besonders vornehmen Ort abhalten; »Impossibles« buchten für sie die Terrasse des Unterhauses. Eine andere Firma verlangte für ihre ausländischen Kunden irgendein ungewöhnliches Weihnachtsgeschenk; sie erhielt »ein paar tausend Konservendosen mit echtem Londoner Nebel«. »Aus dem Staat Washington kam eine Anfrage nach 45 Steckbriefbildern gesuchter Gangster und ihrer Freundinnen aus den 30er Jahren.« Sie wurden beschafft. Eine große Londoner Zeitung wollte das Geschäft in Verlegenheit bringen durch einen Auftrag über eine halbe Tonne Pudding mit Himbeergeschmack und Rosinen; 48 Stunden später erfolgte die Lieferung und versetzte nun ihrerseits die Zeitung in eine nicht geringe Verlegenheit.

Immerhin, der Mann hat 6300 Kunden und Zweigniederlassungen in Paris, Rom, New York und Australien. Für ihn hat sich das Unternehmen gelohnt. Die Zahl seiner Auftraggeber ist bisher so gering, daß sie noch keine repräsentative Aussagekraft hat. Oder vielleicht doch? Hier wird etwas sehr eindringlich deutlich gemacht, was in ungezählten bescheideneren Abschattierungen eigentlich schon immer vorhanden ist. Aus der Überspitzung, deren sich ganz sicher eine schnell wachsende Zahl von Menschen bedienen wird, zeigt sich der Weg zum Verständnis einer weitverbreiteten Verhaltensweise und ihrer Auswirkungen. Hierher würde auch jener Verbraucherclub gehören, dessen Mitglieder Geschenke, Briefe, Bilder aller nur denkbaren Art aus allen Ländern der Welt, versehen mit den Originalbriefmarken und Poststempeln und ihrer Unterschrift allen denen schicken lassen können, bei denen sie sich in ein besonderes Ansehen bringen wollen. In seiner seit Menschengedenken geübten und am weitest verbreiteten Form ist dieses Streben als eine wahre Krankheit bekannt, der sich kaum einer entziehen kann. Alle Urlaubsreisenden, je weiter sie in die Welt ziehen um so mehr, schreiben mit wahrem Feuereifer an ungezählte Empfänger, mit denen sie ansonsten nicht immer in engster Verbindung stehen müssen. Aber es geht um das Ansehen, das mit der Nachricht aus einem fremden Land und dem Bild als Beleg verbunden ist.

## Sammeln und Sammler

Obwohl das Thema interessant ist, hat sich das Schrifttum noch kaum mit dieser liebenswürdigen Erscheinung, die oft auch seltsam und unerklärlich sein kann, beschäftigt. Nur in Zeitungen und Zeitschriften fast jeder Art finden sich immer wieder Hinweise und Mitteilungen über ganz besondere Sammelobjekte. Sammeln und die Beschäftigung mit der Sammlung bedeuten vielleicht für mehr Menschen, als wir ahnen, Glück, Glückseligkeit, Befriedigung. Auch Rückzug aus der grauen Welt der Pflichten und Enttäuschungen, Versöhnung mit einem unbefriedigenden Leben, Flucht vor den Realitäten, auch ganz einfach eine gute Anwendung der Freizeit. Sammeln aber kann leicht zu Leidenschaft und gar Manie führen. Sammeln ist kein Ausweis für Bildung. Wohl aber dient eine repräsentative Sammlung, von Gemälden z. B., als Ausweis für Kultur und Reichtum. Die Sammlung dient ausgesprochen dem Prestige und also demjenigen, der anerkannt werden will (in seiner gesellschaftlichen Stellung etwa), weil nackter Reichtum zum gegenteiligen Ergebnis führt. Ein Mensch solcher Mentalität wird niemals eine Sammlung von Zündholzetiketten zu seinem Prestigeobjekt machen. Unter den Sammlern gleicher Art wird der mit der größten und schönsten Sammlung mühelos den höchsten Geltungsnutzen haben können.

Im Grunde geht das Sammeln auf einen einfachen Sachverhalt zurück. Der Mensch ist von Haus aus egoistisch. Er will haben und für sich behalten. Er will vollkommen und alles haben. Das Mehr-haben-Wollen ist ein Motor, der niemals stille steht. Sammeln ist deshalb auch ansteckend. Es braucht nur einigen ganz wenigen bekannt zu werden, daß einer sein Herz an Dinge gehängt hat, die noch niemals gesammelt worden sind – er wird in ganz kurzer Zeit zahllose gleichgestimmte Genossen haben. Ein Ding, welches keinerlei Eigenwert hat, wird dadurch zum Wertgegenstand erhoben, oft genug zu einem solchen allererster Ordnung. Der Sammler trennt sich nur schwer von einem Stück, so kann es leicht zu einer mengenmäßigen Verknappung kommen, die wiederum zu einer Wertsteigerung führt. Von hier ist dann kein weiter Weg mehr zur

Ökonomisierung des Sammelns. Die Tauschstellen, von Sammlervereinen eingerichtet, die für den Sammler kostenlos arbeiten, werden zu Sammlerbörsen; es entwickeln sich Absatzformen wie das Briefmarkengeschäft, das Antiquitätengeschäft, das Buchantiquariat, regelmäßige Auktionen. Der Sammlergegenstand wird zur Ware; jetzt wird er auch ein Objekt des Gewinnstrebens und der Kapitalthesaurierung. Aber auch der ideale Sammler in seinem ursprünglichen Sinn muß sich dieser privatwirtschaftlichen Einrichtung bedienen, wenn er seine Sammlung ergänzen oder erweitern will. Er kann sich auch einmal von einem Stück trennen, um dafür ein ihm lieberes zu erstehen.

Der manische Sammler ist unersättlich, seine Sammlung muß ohne Unterlaß wachsen, und wenn er darüber zum Dieb wird. Mit ihm ist die Grenze des Normalen überschritten. Sammeln wird zur Krankheit, die kaum heilbar ist. Sammeln kann zu bescheidenem Glück und rasender Leidenschaft werden. Es kann aber auch zum Bildungsmittel werden und der Beschäftigungstherapie dienen. Die liebenswürdigste Eigenschaft scheint mir die des Spielens und des Spieles zu sein.

Die Art der gesammelten Gegenstände kann dem Psychotherapeuten recht gute Hinweise auf psychische Krankheiten seiner Patienten geben. Im Spiel und im Sammeln öffnet sich der Mensch sehr viel weiter als im harten Tageskampf. Wird Sammeln zum wahren Lebensinhalt eines Sammlers, so ist das Gesicht des Sammlers das wahre Gesicht des dahinterstehenden Menschen.

Natürlich wird der eingeborene Sammeltrieb auch absatzwirtschaftlich schon lange genutzt. In meiner Jugend war es der Ankerstein-Baukasten, den es in zahlreichen Größen gab. Mit dem Kasten A fing das Vergnügen an, mit B, der auch größer war, ließ sich schon mehr anfangen, aber erst mit dem letzten, größten und allen vorhergehenden ließen sich wahrhaft monströse Kathedralen errichten. Das Sammelprinzip wurde auch für die Leica und später für andere Kameras angewandt. Bis einer alles hat, was ein solches Gerät zu einem vollkommenen macht, muß er so viele Zusatzgeräte kaufen, daß dem ahnungslosen Zuschauer das Staunen über den Kopf wächst. Der Bücherfreund ist eigentlich ein Büchersammler. Er will viele und noch mehr Bücher haben, eine Bibliothek. Der Sammler solcher Art ist deswegen noch lange kein Bibliophile. Der ist nur eine besondere Art: er sammelt schöne Bücher, Bucheinbände, Erstausgaben, das Werk eines Dichters. Er muß gar nicht lesen. Der Bücherfreund aber will lesen, so lange, bis er von der Zahl seiner Bücher überwältigt wird. Die Zahl ist für ihn wichtig, für den Bibliophilen aber die Art. Deshalb ist der Bücherfreund ökonomisch wichtig, der Bibliophile nur in bescheidenem Maße. Wohl aber nimmt das Sammeln von Schallplatten von Jahr zu Jahr zu. Die Sammlungen nehmen einen solchen Umfang an, daß nicht mehr die von ihnen vermittelte Musik, sondern die Zahl der Platten, auch wenn sich diese nur auf Spezialgebiete bezieht, zum ausschlaggebenden Kriterium wird. Nennen wir noch die Briefmarke, von der man weithin sagen kann, sie wird nicht mehr gesammelt, sondern gekauft. Dadurch unterscheidet sie sich grundsätzlich von jenen Gütern, die vom ersten Tage ihrer Existenz an dem Verbraucher ausschließlich zum Kauf angeboten werden. Die Briefmarke, ursprünglich ein wertloser Gegenstand, wird zum Kaufobjekt, weil so viele, ja ungezählte Menschen Briefmarken sammeln, und wenn dies nur für eine begrenzte Zeit ist. Fast jedes Kind sammelt irgendwann einmal Briefmarken – und das mit einer oft unglaublichen Energie. Vor fünfzig Jahren sammelte jeder Junge ein paar Jahre lang Bilder, etwas kleiner als Postkarten. Seinen Bilderstoß (Werbemittel von Fabrikanten jener Zeit) hatte er überall bei sich, damit er tauschen konnte. Eines Tages hatte er kein Interesse mehr. Aus unerklärlichen Gründen sammelten die Mädchen zwar Briefmarken, aber keine Bilder. Doch auch bei diesem Sammeln auf Zeit ging es um die Vollständigkeit: der Briefmarkensatz, die Bilderserie mußten komplett sein.

Die vornehmsten Sammelobjekte: Bilder, Stiche, Möbel, Gold- und Silberschmiedearbeiten, Porzellane und Fayencen, Glas- und Zinngefäße, Bücher, Autographen, Waffen, Ex-Libris, Teppiche sind nach Art und Seltenheit willkommen für den kaufkräftigen Sammler und den, der gern in den dürftigsten Verhältnissen lebt, wenn er nur seine Sammlung vervollständigen kann. Freilich ist hier zu bedenken: Die wertvollsten Stücke gelangen früher oder später in den Besitz von Museen und verschwinden damit endgültig aus dem Markt. Die privaten Sammlungen werden meist nach dem Tode des Sammlers aufgelöst. Im Generationenwechsel erscheinen daher die gleichen Stücke immer wieder im Markt. Weil sich aber heute viel mehr Menschen für solche Dinge interessieren, muß im ganzen das Angebot geringer werden. Sie bleiben also exklusive

Güter. Das wird erst recht durch erhebliche Steigerungen des Wertes unterstrichen. Fast könnte man sich zu dem Satz versteigen: Die Sammler in diesem Bereich sind in sich geschlossen wie ein Orden. Nur selten taucht ein Neuling auf, und er braucht eine geraume Zeit, bis die vielen Bekannten auch ihn als Sammler ansehen. Nur im Wechsel der Generationen ändert sich das Gesicht dieses Ordens, der keinerlei formale oder gar rechtliche Form hat.

Der echte Sammler kann sich selbst und auch sein Leben hinter seine Sammlung stellen. Sie ist mehr als er selbst. Dafür hat Carl Nützel (Spazierstöcke im Königsgrab. Die neue Zeitung, München, 11. 6. 1949) ein mich nicht sehr überzeugendes Beispiel beigebracht: »Ein Japaner gelangte nach langem Suchen in den Besitz eines wertvollen Bildes, das der Schlußstein zu seiner Gemäldesammlung werden sollte. Doch nur kurze Zeit konnte er sich daran erfreuen. Denn eines Tages fand er sich mit eben diesem Bild inmitten eines an allen Ecken und Enden brennenden Hauses, aus dem es kein Entrinnen mehr gab. Da öffnete sich dieser Kunstfreund selbst den Leib und verbarg darin das in sein Hemd eingewickelte Bild. Als später der Leichnam halb verkohlt geborgen wurde, fand man das Bild unversehrt gerettet.« Hätte für den Japaner die Alternative bestanden, gerettet werden kann entweder der Mann oder das Bild, und hätte er sich dann für das Bild entschieden, so wäre das Beispiel überzeugender gewesen als in diesem Fall der Ausweglosigkeit. Außerdem wußte der Mann wohl sehr genau, was das Bild für die Allgemeinheit seines Landes bedeutete. So kann er sich aus höherer Verantwortung für das Bild geopfert haben. Denn das eben gehört zum echten Wesen des Sammlers, daß er sich von seinem Sammelgegenstand nicht trennen will. So meine ich auch, daß es sich um keinen Sammler handelte, wenn der gleiche Verfasser die folgende Geschichte berichtet: »Der von 1423 bis 1491 lebende König Ferrante von Neapel zog sich durch seine Grausamkeit viele Feinde zu. Anschläge auf sein Leben waren an der Tagesordnung. Hatte der König diese Gegner beseitigt, so ließ er ihre Leichen einbalsamieren, sorgfältig ankleiden und dann reihte er sie seiner ›Sammlung ehemaliger Königsgegner‹ ein. Er ließ dafür besondere Räume seines Palastes herrichten.« Das war kein Sammler, sondern ein pervers grausamer Großtyrann, der sich noch im Angesicht der Toten seines Sieges erfreuen wollte, so oft ihn danach gelüstete. Gegen jene Großtyrannen, die wir erlebt haben, war dieser doch ein kleiner Anfänger. Adolf Hitler hat die Verhandlungen und Hinrichtungen seiner Gegner filmen und sich die Qualen seiner Opfer immer wieder vorführen lassen. Aber für den König von Neapel gab es noch keinen Film. Beide waren aber gewiß tollwütige Blutsäufer.

Es ist viel liebenswürdiger, wenn wir hören, daß es gar nicht wenig Sammler gibt, die Türklinken, Handtücher, Aschenbecher jener Hotels stehlen, in denen sie übernachtet haben. Erhalten sie solche Gegenstände geschenkt, sind diese ohne jedes Interesse für sie. Sie müssen gestohlen sein. Menschen, die stehlen, obwohl ihr Wohlstand und ihre moralischen Anschauungen das gar nicht zulassen, leiden an einer Perversion. Sie wird mit der Leidenschaft des Sammelns verdeckt und im Notfall so erklärt wie entschuldigt. Dem Psychologen bietet sich jedenfalls reiches Material an. Aber das zu untersuchen ist hier nicht die Aufgabe.

Die Schweizer »Textil-Revue« (4. 6. 1963) konnte einmal mitteilen: »In Marseille wurde dieser Tage eine Vereinigung der ›Tatanophiles‹ gegründet. Hinter diesem auch den meisten Franzosen unverständlichen Fremdwort verbirgt sich die Gilde der Schuhliebhaber. Ihre Mitglieder haben es sich zum Ziel gesetzt, Schuhmodelle von der Antike bis zur Gegenwart zu sammeln.« Sicher ist dies zuverlässiger eine Liebhaberei als die aus merkantilen Erwägungen eingerichteten Schuh- oder Strumpfmuseen von Unternehmungen. Ähnliches berichtete die Berliner Illustrierte Zeitung 1938: »Der Telepath Kara Ski sammelt Schuhwerk aller Zeiten, aller Nationen und aller Charaktere. Er versucht eine neue psychologische Beurteilung, die sich auf den Charakter des Schrittes und Ganges stützt.« Der Begründung kann ich keinen Glauben schenken.

Ein recht seltsamer Sammler war auch der Artist Camillo Schwarz: »Er bewahrt Blumen auf von allen Gräbern berühmter Toter... Von jedem Grab pflückt er eine Blume oder ein Blatt, von Offenbach, Napoleon I., Wrangel, Bismarck, Ohm Krüger, Chopin, Molière, Johann Strauß, Goethe, Frau von Stein, von Kotzebue und seinem Mörder Sand.«

Im textil-forum (Frankfurt/M.) konnte man im August 1960 einen Bericht über die Strumpfsammlung des Signor Franceschi lesen. Sie entstand aus geschäftlichen Gründen und dient heute noch dem berühmten Strumpfgeschäft. Aber doch erweist es sich, daß es sich um einen echten

Sammler handelte, der diese Schätze zusammengetragen hat: In fünfzehn Jahren hat er es auf 160 Paar bedeutsame Strümpfe gebracht. Der ursprüngliche Journalist Franceschi kam 1910 auf den Pariser Flohmarkt. Dort ließ er sich für »wenig Geld die garantiert echten Strümpfe der Sarah Bernhardt aufschwätzen. Nach dem Ersten Weltkrieg, als Franceschi alles verloren hatte und seltsamerweise nur die Strümpfe der Sarah Bernhardt ihm verblieben waren, kam er auf die Idee, selbst Strümpfe herzustellen und zu verkaufen. Das seltene alte Strumpfpaar dekorierte er in seinem kleinen Ladenschaufenster. Da es ihm Verkaufsglück brachte, kam er auf die Sammelleidenschaft. Bald lagen neben dem ersten Paar Strümpfe noch viele andere von ebenso großen Berühmtheiten. Da lagen die berühmten violetten Strümpfe der Spionin Mata Hari, die ›Beinkleider‹ von Maria Theresia und die der Alfonsa Duplessis, die den Sohn Dumas' zur Kameliendame inspirierte, auch die grauen spitzenbesetzten Strümpfe der Duse, und die feingewirkten, weißseidenen Strümpfe Goldonis sind zu sehen. Die grobgestrickten schwarzen Socken Puccinis fehlen ebensowenig wie die mit originellen Mustern versehenen Strümpfe Katharina II.; Madame Pompadour, die Dubarry, Marie Antoinette und Lady Hamilton sind mit ihren Strümpfen vertreten. Auch von Franz Schubert, von der Königin Christine von Schweden und die der Mistinguette sowie die Strümpfe von Lord Nelson werden hier miteinander vereint zur Schau gestellt.

Zu der Seltenheit, den Garbo-Strümpfen, kam Signor Franceschi auf ganz listige Weise: Als die Göttliche kurz in Neapel war, fuhr er dorthin, warf in ihren Wagen ein Paar Spitzenstrümpfe mit einem Bittbrief ... und schon nach wenigen Wochen brachte ihm die Post tatsächlich einen Brief von der Garbo mit dem gewünschten Paar Strümpfe.«

Gibt es Strumpfsammler, muß es wohl auch Hosensammler geben. Tatsächlich wurde 1960 »in London eine private Hosensammlung der Öffentlichkeit übergeben. Glanzstücke unter den 200 Hosen sind die, die von Napoleon, Beethoven, Churchill und Frankreichs Sonnenkönig Ludwig XIV. getragen wurden«. Eine andere ausgefallene Sammlung ist die des englischen Antiquitätenhändlers Herbert Rieser, der sie 1956 als »Löffelmuseum« der Öffentlichkeit zugänglich machte (8-Uhr-Blatt, Nürnberg, 26. 2. 1956). Er hat 2500 Löffel aus zwei Jahrtausenden und vierzig Ländern zusammengetragen. »Man kann daran genau verfolgen, wie sich aus der hohlen Hand des Urmenschen, die er zum Schöpfen des Wassers benutzte, das moderne, oft luxuriöse Tischgerät aus Gold und Silber entwickelt hat. Der Sammler ist sicher durch seinen Beruf angeregt worden.«

Alfred Drissen aus Recklinghausen sammelte in fünfundzwanzig Jahren Glocken aus aller Welt. Das älteste Stück stammt aus dem Jahr 1370. Der amerikanische Bankier J. P. Morgan sammelte die Unterschriften von protestantischen Bischöfen.

Erzherzog Ludwig Viktor von Österreich, der auf Klessheim bei Salzburg lebte, arbeitete dort Tag und Nacht daran, die umfangreichste Stocksammlung der Welt zusammenzubringen. Die Filmschauspielerin Esther Williams hat Badeanzüge gesammelt.

Der Andenkensammler wieder wandert kreuz und quer durch die Welt, »von Mussolini bis zu den indischen Maharadschas, von den amerikanischen Gangstern bis zu Trotzki. Von diesem bekommt er ein Schnupftuch, von jenem einen Strumpf, eine Spazierstockkrücke, ein Autogramm«.

In Paris sammelte ein Mann Knöpfe. Nichts entging seinem Eifer, und bald hatte er es auf einen Bestand von mehr als 50 000 Knöpfen gebracht. Er wußte, daß er seine Sammlung noch um ein Mehrfaches vergrößern mußte, wenn sie einigermaßen vollständig sein sollte. Längst ist daraus ein Museum geworden. Seit 1916 werden »Berichte aus dem Knopfmuseum Heinrich Waldes« herausgegeben. Daraus läßt sich unschwer ableiten, daß es eine ganze Gemeinde von Knopfsammlern geben muß. Übrigens werden in diesem Bereich auch Kleiderverschlüsse gesammelt.

Zu Beginn des Jahrhunderts lebte in Frankfurt ein kulturhistorisch interessierter Mann, der deutsche Volkstrachten sammelte. Seine Bestände waren so groß, daß sie ein eigenes Haus in Anspruch nahmen. Am Ende stiftete er seine Sammlung dem Germanischen National-Museum in Nürnberg. Die Sammlung ist wahrscheinlich die umfangreichste im deutschen Sprachraum. Ein Klavierfabrikant sammelte Musikinstrumente. Die Sammlung wurde weltberühmt; auch sie befindet sich heute im Besitz des Germanischen Museums. Bekannt geworden ist auch die sittengeschichtliche Sammlung Pacher in Passau, die zu Beginn des Jahrhunderts entstand. Was aus ihr geworden ist, entzieht sich leider meiner Kenntnis. Der Historiker der Technik, Feldhaus, hat ein großes Archiv zur Geschichte der Technik aufgebaut. Wahrscheinlich hat ihn seine Sammlung erst zum Historiker werden lassen. Nach seinem Tode war das Schicksal seiner wertvollen Sammlung jahrelang ungewiß, bis es endlich von der Stiftung des preußischen Kulturbesitzes übernommen wurde. Ebenso ist die besonders nach dem Zweiten Weltkrieg bekannt gewordene Sammlung »Bild-Archiv Handke, Bad Berneck« den gleichen Weg gegangen. Aber auch hier erst nach dem Tode des Sammlers, der sein Archiv zu einer Erwerbsquelle gemacht hatte, indem er seine Bilder Dritten zum Nachdruck gegen eine Gebühr zur Verfügung stellte. Und in Nürnberg sammelte ein Mann Zeitungsausschnitte, bis er in seinem Alter deren über 300 000 hatte, die ihn schließlich aus seiner kleinen Wohnung verdrängen wollten. Er leistete eine ungeheure Ordnungsarbeit. Als er daranging, mit Hilfe seines Archivs ein paar Mark zur Aufbesserung seiner Rente zu verdienen, zeigte es sich, daß niemand ein Interesse daran hatte. Vielleicht hat sich der enttäuschte Mann nicht an die richtigen Adressaten gewandt. Vielleicht war tatsächlich kein Interesse vorhanden. Alle Bemühungen, Dokumentationsstellen einzurichten, sind ja mit geringen Ausnahmen auch gescheitert. In Düsseldorf lebt ein Sammler von Inseraten und Plakaten, der von der Werbung herkommt. Bei Gelegenheit von Ausstellungen werden in der Empfangshalle der Düsseldorfer Messe wahrhaft großartige Stücke aus dieser Sammlung gezeigt.

Mr. Hilary McPhea aus Edinburg in Schottland sammelte 3760 verschiedene Sorten von Wasser aus Seen, Flüssen und Meeren in aller Welt. Die Drogistenzeitung vom 15. 12. 1956 schilderte das kurioseste Museum der Welt: »Heude Jough in Schiedam (Südholland) hat 4500 Spirituosenflaschen gesammelt. Sie enthalten nämlich Weinbrände, Liköre, Wässer und Geister, die er im Laufe vieler Jahre auf seinen Weltreisen gesammelt und fein säuberlich auf langen Regalen nach Ländern und Sorten geordnet hat. Sein Stolz sind die vollen Flaschen in ihren verschiedensten Fronten, die Etiketten in ihrer typographischen Gestaltung und schließlich auch die Farben der Alkoholika, die verlockend durch das Glas hindurchschimmern. Aus 55 Ländern wurden sie zusammengetragen. Alle Erdteile sind vertreten: Afrika mit Mandarinenlikören, die aus Mandarinenscheiben gewonnen werden, Asien mit Sake (Reisschnaps), Amerika mit Gin und Whisky, der eigentlich von Schottland oder Irland seinen Weg nach den Staaten genommen hat. Die meisten Flaschen des Museums stammen jedoch aus Europa. Auch aus Nordhausen, aus Steinhagen und dem Kloster Ettal haben sie den Weg in das Städtchen Schiedam gefunden, in dem selbst ein Branntwein von Weltruf gebrannt wird: der Genever.« Es handelt sich ganz gewiß mehr um eine Sammlung von Spirituosen als um eine solche von Flaschen. Freilich wäre hier anzumerken, daß erst Flasche plus Inhalt das Ganze ergeben, das eine ohne das andere gar nicht denkbar ist. Erstaunlich ist die außerordentliche Widerstandskraft des Sammlers gegen die Verlockungen, die von einem solch reichhaltigen Spirituosensortiment ausgehen. Aber gerade daran erweist sich, daß er ein echter Sammler ist.

1957 berichteten die Nürnberger Nachrichten von einem amerikanischen Oberfeldwebel, der bis dahin 339 Bierkrüge zusammengebracht hatte. »Seine Sammelleidenschaft wurde geweckt, als er vor zwei Jahren von einem Besuch in München mehrere Bierkrüge mitbrachte. Seitdem sind die alten Trinkgefäße zum beherrschenden Element in seinem Hause geworden. Das älteste Trinkgefäß ist ein aus dem Jahre 1713 stammender Zinnkrug. Das Spezialgebiet des Bierkrugsammlers sind Reservisten-Bierkrüge aus der Zeit vor dem Ersten Weltkrieg und echt ›Mettlacher‹, alte Stücke aus der Steingutwerkstätte in Mettlach im Saargebiet«. Ein anderer sammelte Trinkgefäße aus jeder Stadt, die er besucht hat. Sie müssen ein Bild dieser Stadt aufzuweisen haben.

Eine Sammlerin in Amerika hat 50 000 Krüge gesammelt. Sie ist wahrhaft das Opfer einer Gigantomanie geworden. Eine zweite Amerikanerin sammelt Miniaturnachbildungen von Schuhen aus Glas, Kohle, Salz, Stoff, Bronze, Holz. Manche sind nur millimetergroß. Eine dritte hat ihr Herz an Salz- und Pfefferstreuer gehängt. Ein amerikanischer General hat es mit Fleiß und Eifer auf 60 000 Pfeifen gebracht. Die Garbo besitzt eine große Sammlung von Straßenbahnfahrscheinen. Aber diese Vorliebe teilt sie sicher schon lange mit vielen anderen Sammlern. Exklusiv dagegen ist wiederum das Sammeln von Zähnen.

Dazu weiß die Berliner Illustrierte von 1938 eine aufregend-nette Geschichte zu erzählen: »Der amerikanische Weltkriegsgeneral Pershing läßt sich einen Zahn ziehen. Später hört er, daß der Arzt die Reliquie an einen Sammler verkauft hat. Er gibt seinen Offizieren den Auftrag, den Zahn um jeden Preis zurückzukaufen. Binnen kurzer Frist bringen die

Offiziere 317 authentische Zähne des Generals Pershing zusammen, die alle von beglückten Sammlern erworben wurden.«

Der Beispiele sollen es nun einstweilen genug sein. Sie sind so eindringlich, daß sie leicht zu einigen Einsichten führen können. »Das höchste Glück der Sammler besteht darin, sich durch einen einmaligen und außerordentlichen Besitz über alle anderen Menschen emporheben zu lassen. Einmaligkeit kann im Quantum des Besitzes wie auch in der Seltenheit der einzelnen Stücke bestehen.« Wer hat schon Raum für 50 000 Krüge oder 60 000 Pfeifen oder Tausende von Spazierstöcken? Hier wird der primitivste und gleichzeitig am weitesten verbreitete Antrieb des Sammlers sichtbar. Alles haben wollen, die Vollständigkeit erreichen, die ganze Serie muß es sein. Teile sind uninteressant. Der Mengensammler muß kaufkräftig sein, nicht immer kultiviert. Vielen aber wird die Sammlung zum Lehrmeister. Der Sammler spezialisiert sich eines Tages (Mettlacher Krüge; Briefmarken bestimmter Länder, Zeiten, mit bestimmten Bildmotiven; nicht alle Münzen, nur ein Land oder... oder...). Und es zeigt sich dann, daß aus einer barbarischen Manie kultiviertes Sammeln kulturhistorischer Werte wird.

Jeder der genannten Sammler ist eine Besonderheit für sich. Seine Sammelfreude, die oft in Wut und Leidenschaft ausartet, bezieht sich häufig auf die »merkwürdigsten Kuriositäten«. Sie sind auch kaum wiederholbar. Strümpfe Napoleons können eben nicht beliebig oft gesammelt werden und Zähne berühmter Menschen auch nicht. Auch diejenigen, die ihr ganzes Interesse auf riesige Mengen richten, müssen notgedrungen selten bleiben, obgleich natürlich beliebig viele Menschen beliebig viele Bierkrüge haben können, wenn sie nur wissen, wo sie ihre riesigen Schätze aufbewahren sollen. Orden und Ehrenzeichen werden gesammelt, es finden regelmäßige Versteigerungen statt; ein Starnberger besitzt mit 9000 Orden die größte Sammlung Europas.

So ergibt es sich eigentlich von selbst, daß die große Masse der Sammler von anderer Art sein muß. Da läßt sich zunächst beobachten, daß die Zahl der gleichgestimmten Sammler wohl am größten ist. Sie sind im Gegensatz zu den eigenwilligen Einzelgängern abhängig von Vorbildern, auch von den Zeitläuften, dem wechselnden Verhalten der Gesellschaft. Sammler von Zigarettenbildern wurde niemand aus sich heraus. Erst mußte ein Unternehmen das Bild schaffen in der ausgesprochenen Absicht, damit die Sammelleidenschaft bei vielen zu wecken. Wer die Bilder haben wollte, mußte dessen Zigaretten kaufen. Aber die Serie war wichtiger und dazu ein Album mit ausführlichem Text. Bild und Album ergaben ein wertvolles Buch. Die Angebote in den Antiquariatskatalogen der Gegenwart beweisen diese Behauptung eindeutig. Die eine Firma gab den Anstoß. Sofort sammelten Ungezählte die Bilder. Alle übrigen Zigarettenfabriken mußten ebenfalls ihren Packungen Bilder beilegen. Die Menge der Sammler wurde unübersehbar. Die organisatorische Einrichtung des Bilderschecks und Bilderdienstes konnte auch genau nachweisen, wie viele die volle Serie und das Album anstrebten. Vielleicht war ihre Zahl größer als die der Briefmarkensammler. Der Anstoß kam von außen. Das Sammeln war kinderleicht. Es erforderte keinerlei besondere Fähigkeiten. Das Werbemittel überwältigte Hunderttausende. Der Sammler solcher Art kann nur sammeln, wenn es ungezählte neben ihm auch tun. Nach dem Krieg ließen die Zigarettenfirmen die Bilder aufleben. Heute gibt es kaum mehr Sammler solcher Bilder.

Als während der Olympiade von 1936 in einer Berliner Zeitung zu lesen war, daß ein Mann seine Sammlung von Bierfilzen um teures Geld an einen Amerikaner verkauft habe, sammelten plötzlich alle Bierfilze. Es fand ein schnelles Ende, weil diejenigen, die Bierfilze nur wegen eines hohen Verkaufspreises gesammelt hatten, schmählich enttäuscht wurden. Ein Sammelobjekt sind sie erst nach dem großen Run geworden.

Es gibt Massen-Sammelbewegungen, die ebenso schnell verschwinden, wie sie aufgetaucht sind. Es ließe sich deswegen auch von Sammelmoden sprechen. Steine etwa sind schon immer gesammelt worden, von Kindern und Erwachsenen. Vor einigen Jahren aber lagen urplötzlich in den Schaufenstern einschlägiger Geschäfte Steine aus aller Welt – billige und teure, eben nach ihrer Art. Solche Steine zu sammeln wurde ganz schnell zur Mode. Die Pracht der unbearbeiteten Steine war verlockend groß. Aber es scheint, als wäre das Sammelinteresse schon wieder im Absinken. Sammeln wäre eigentlich mit Tauschen verbunden. Aber hier handelt es sich um einfaches Kaufen. Wer einen genügend großen Geldbeutel hat, bringt es auch schnell zu einer großen Sammlung. Der bescheidener Ausgestattete muß nur länger warten. Er hat aber doch die Sicherheit, daß er auch später noch haben kann, was er so heiß begehrt. Hier haben wir es mit einem verkümmerten Sammeln zu tun.

Die Zahl der mit der Eisenbahn spielenden Männer ist groß. Sind sie Sammler? Viele spielen nur, viele sind auch Sammler. Nur der Augenschein läßt eine Bestimmung zu. Sie ist dann eindeutig möglich, wenn maßstabgetreue Modelle von Lokomotiven und Wagen der verschiedensten Zeiten und Baujahre nebeneinander stehen und wahrscheinlich nie bewegt werden. In derselben Weise werden seit Jahren maßstabgerechte Modelle von Kraftfahrzeugen, Schiffen und Flugzeugen gesammelt. Wenn sich eine solche Sammlung auch nur auf eine Spezialität erstreckt, so kann sie doch einen recht erheblichen Umfang haben. Aber auch hier fehlt die Eigenschaft der Seltenheit. Jedes Stück kann beliebig oft gekauft werden, sofern nicht der Hersteller jede Serie nur eine bestimmte Zeit lang produziert. Die Illustrierte »Revue« hat darüber 1961 sehr instruktiv berichtet: Großbritannien hat eine »Modellauto-Vereinigung«. Das Wohnzimmer ihres Generalsekretärs hat sich in eine Ausstellungshalle verwandelt. »Modelle stehen überall in Reih und Glied: auf dem großen Tisch, auf der breiten Fensterbank, auf Sessellehnen und Teewagen. Mister Jewells Sammlung kann sich zwar nicht mit der des Portugiesen Vasco da Bettancourt messen, dessen Kollektion fast 7000 Exemplare umfaßt und dem nur noch einige Dutzend Typen fehlen, aber auch er hat rund 1000 verschiedene Modelle ... Eines der begehrtesten Modelle ist der ›Ford T‹, den diese amerikanische Firma im Ersten Weltkrieg herausbrachte. Sammler zahlen dafür bis zu 500 Mark.« Das ist jedoch eine große Ausnahme. »Die vergriffenen Modelle werden gewöhnlich zwischen zehn bis dreißig Mark gehandelt.« Über den Umfang dieser Liebhaberei kann man sich keine rechte Vorstellung machen. Es ist aber doch staunenswert, wenn zu lesen ist, daß der erfolgreichste britische Hersteller von Automodellen in den ersten acht Jahren seines Bestehens 265 Millionen Exemplare von 140 Typen verkauft hat. Von der Krönungskutsche (Königin Elisabeth) wurden zweieinhalb Millionen Stück verkauft, heute besitzen sie schon Seltenheitswert. Spitzenreiter mit acht Millionen verkauften Exemplaren ist das Modell des zweistöckigen Londoner Autobusses. Hier ist nur von einer einzigen Firma in einem einzigen Land die Rede. Aber auch die USA und die Bundesrepublik warten mit einer Anzahl von Firmen und einer kaum geringeren Produktion auf. Die Schaufenster sind die großen Anreger für die Sammler. Das echte Sammeln beginnt mit der Jagd nach den nicht käuflichen, seltenen Exemplaren. In Stuttgart gibt es einen »Verein der Freunde alter Automobile«, der mit Unterstützung des ADAC gegründet worden ist (Frankfurter Allgemeine Zeitung, 27. 2. 1954). »In dem Verein sollen sich alle Autoveteranen zusammenfinden, die heute noch im Verkehr sind. Den Anfang machte ein alter ›Hanomag Kommißbrot‹, Baujahr 1928.«

Um vollkommenes Sammeln handelt es sich bei Gegenständen, die nicht zu kaufen sind und deren Wert ihnen vom Sammler zugemessen wird; dieser Wert wiederum gilt nur für Sammler und ist außerhalb ihres Kreises völlig wesenlos. Dafür ein recht eindrucksvolles Beispiel: Als die Plakatkunst um die Jahrhundertwende bis in die zwanziger Jahre hinein ihre große Zeit hatte, begann der Berliner Zahnarzt Sachs damit, Plakate zu sammeln. Als erster hat er es auch am leichtesten zu einer der bedeutendsten Sammlungen gebracht. Es läßt sich heute kaum noch schlüssig erklären, warum plötzlich überall Plakate mit Eifer gesammelt wurden. Sachs hatte die »Bewegung der Plakatfreunde« lange Zeit in der Hand. Er gründete einen Verein der Plakatsammler, der auf seinem Höhepunkt über 20 000 Mitglieder hatte und eine hervorragend ausgestattete Zeitschrift »Das Plakat« herausgab. Plakate zu sammeln war dann schnell wieder uninteressant. Erst in den letzten Jahren ist da und dort wieder von Sammlern zu hören. Doch handelt es sich in der Hauptsache um Fachleute aus Wirtschaft und Werbung. Dagegen scheint in der Zeit nach dem letzten Krieg die Zahl der Sammler von Kleinplakaten, von Zündholzetiketten groß geworden zu sein und schnell zuzunehmen. Erfahrene Sammler meinen, daß eine solche Sammlung sich pro Jahr um 500 bis 1000 Etiketten vermehren läßt, sie also in wenigen Jahren bereits einige tausend Stück umfassen kann. Aber die Etiketten nehmen wenig Raum in Anspruch, weil sie im Grunde wie Briefmarken aufbewahrt und griffbereit gehalten werden können. Damit ist eine wesentliche Voraussetzung für die Gewinnung von vielen Tausenden von Sammlern erfüllt. Wie Briefmarken werden Zündholzetikette in allen Ländern der Welt verwendet; damit ist die Möglichkeit zu einer weitgehenden Spezialisierung der Sammler gegeben.

Ziemlich im Verborgenen haben die Numismatiker gelebt, obwohl sie doch seit geraumer Zeit in einem Verein zusammengeschlossen sind und über die gepflegte Zeitschrift »Die Numismatik« verfügen. Allerdings scheint es dem Nichtfachmann so, als wäre hier eine Sammlervereinigung unbedingt notwendig. Weiter: Das Interesse für das Sammeln von Münzen scheint ziemlich stark zugenommen zu haben. Damit können sich die Aristokraten unter den Sammlern noch beschäftigen. Es ist ja auch nicht zu befürchten, daß eine Massenliebhaberei entstehen könnte. Ein Münzensammler muß von vornherein ein gebildeter Mensch mit guten historischen Kenntnissen sein. Der heutige Zuzug von Sammlern ist u. a. wohl auch damit zu erklären, daß die Sammelobjekte der obersten Ränge für manchen kultivierten Sammler langsam unerschwinglich teuer werden. Münzen sind aber tatsächlich ein fast königliches Sammelobjekt.

Eine andere stille, aber anspruchsvolle Sammeltätigkeit gilt den Zinnfiguren. Es gibt in den westeuropäischen Ländern rund 2500 organisierte Liebhaber der Zinnfigur. In der Bundesrepublik ist es die »Gesellschaft der Freunde und Sammler kulturhistorischer Zinnfiguren«. Sie hat auf der Plassenburg ob Kulmbach ein eigenes Zinnfigurenmuseum aufgebaut. Der Liebhaber von heute gießt, bemalt und sammelt fast ausschließlich Figuren, die in den kulturhistorischen Bereich gehören: historische Kostüme, vorgeschichtliche Tiere, exotische Menschen und Pflanzen, Uniformen u. ä. sind seine Modelle. Früher ein Zweig der Spielwarenherstellung in Nürnberg, gibt es heute nur noch zwei oder drei gewerbliche Werkstätten. Die 1839 gegründete Offizin E. Heinrichsen in Nürnberg ist wohl die älteste.

Je nach der Art oder Beliebtheit eines Sammelobjektes muß es fast zwangsläufig zu Sammlervereinigungen kommen; das beweisen auch die Briefmarkenklubs als die ältesten. Vorsichtig ließe sich sagen: Je mehr ein Sammler auf Tausch angewiesen ist, desto notwendiger wird eine Organisation, die den Tausch vermittelt.

Nun wäre noch eine letzte Sonderheit zu nennen: Nicht nur Museen, sondern auch Privatleute sammeln ausgediente Eisenbahnlokomotiven, -wagen, Straßenbahnwagen, Kraftfahrzeuge. Für den einzelnen ist eine solche Monstresammlung unmöglich. So schließen sich Gleichgesinnte zu einem Sammlerverein zusammen. Die Gemeinschaft beschafft das notwendige Gelände und stellt auf, so daß es im Grunde zu einer Art Privatmuseum kommt.

Gesammelt wird schließlich alles, von der Kohlenschaufel bis zum

Morgenrock, von Federn, Vögeln und Schmetterlingen bis zu Muscheln und Filmprogrammen; Lippenstifte sowohl wie Schwanzhaare von Tieren, Bildetiketten, Schreibmaschinen, Taschentücher aus aller Welt, Radiergummis und Puppen, steinzeitliche Waffen, Hoteletiketten, Bibelausgaben. Es werden weiter gesammelt Autonummern, Leuchter, Anekdoten, Autographen, Uhren, Uniformen, Kinderwagen, Ansichtskarten, Zuckerstücke (diese in großem Umfang), Kämme, Harfen, Bügeleisen, Parfüms, Seifen, Schlüssel, Speisekarten. Ich habe fast zweihundert Sammelobjekte gefunden, aber ich bin sicher, daß es sich dabei nur um einen Bruchteil handeln kann. Es geht um die wertvollsten und um die unverständlichsten Dinge. (Eine Frau sammelte mit Eifer leere Schachteln und Stoffreste.) Bleistifte und Weinkarten fehlen fast in keiner Aufzählung. Dem Sammler von altem Porzellan und Fayencen steht der Sammler von Kitschporzellan und Nippesfiguren entgegen. Nur ganz wenige werden zum bevorzugten Massenobjekt für Massen von Sammlern. Nicht immer lassen sich die Gründe für eine solche Bevorzugung benennen. Warum sammeln auch heute noch so viele Menschen eingepackten Würfelzucker? Nach meinen Erlebnissen in den Frühstücksräumen zahlreicher Hotels lädt die kleine Packung ganz offenbar zum Mitnehmen ein. Und dieser Einladung bedienen sich auch die meisten Gäste. In Nürnberg lebt eine Frau, deren Sammlung 1957 bereits 5500 Zuckerwürfel umfaßte. Es ist staunenswert, nach wieviel Gesichtspunkten geordnet werden kann – nach Dichtern und Musikern, nach Städten, Ländern, sogar Propagandaaktionen u. ä. sind vertreten.

Vergehende und kommende Sammelmoden, mögen sie auch noch so stark ins Auge fallen, sind eigentlich nur bei den Randsiedlern unter den Sammlern beliebt. Die Randsiedler aber lassen auch leicht und schnell von ihrer eingebildeten Liebhaberei. Das Sammeln ist bei ihnen ein Durchgangsstadium, wie es dies doch für fast jedes Kind ist. Wo der echte Sammler beginnt, stellen sich sofort Arbeit und Mühen ein, die nur nicht als solche empfunden werden. Der unechte Sammler aber will keine Mühen haben; deshalb wendet er sich den ihm am bequemsten Sammelobjekten zu. Er sammelt Zuckerstückchen, aber um Gottes willen keine Münzen.

Wir sind am Schluß der recht umfangreich gewordenen Fußnote. Aber jede Wanderung durch die geistig-seelische Landschaft dieses seltsamen

Wesens Mensch dauert lange und läßt am Ende nur ahnen. Im Sammeln spiegeln sich viele Seiten menschlichen Wesens, die hellen, die in die Weiten der Harmonie und Schönheit führen, die lächerlichen, die die Unbeholfenheit und Unwissenheit aufzeigen, die dunklen, die in die Abgründe der Seele und der Krankheit leuchten, die nüchtern zweckbetonten, die uns in die Provinzen der Wirtschaft leiten. Im Sammeln und seinen Variationen liegen zahlreiche Möglichkeiten, die für die Wirtschaft nutzbar gemacht werden können. An diese Reserven ist bis jetzt im ganzen doch wenig gedacht worden. Und dabei handelt es sich um eine Einsicht, die nicht bezweifelt werden kann. Welchen Beitrag die Sammler bis jetzt für die Wirtschaft geleistet haben, wissen wir auch nicht annähernd. Es ist gewiß, daß er nicht gering ist. Die GfK hat sich bereits 1959 mit diesem Fragenkreis in eigenem Auftrag beschäftigt und manche Sachverhalte zutage gefördert. Die damaligen Ergebnisse sind lange veraltet. Nur eine große und großzügig angelegte Untersuchung könnte weiterhelfen. Aber dazu wäre notwendig, daß das Problem und seine ökonomische Bedeutung gesehen werden. Mir wollen weder die zweieinhalb Millionen Krönungskutschen noch die Zündholzschachteln aus dem Kopf, die von Sammlern beansprucht werden. Sammeln kann auch als ernsthaftes Spiel aufgefaßt werden. Dieser letzte Satz meiner Fußnote will in ökonomischem Sinn verstanden sein.

## Über den Spielautomaten

Wenn unser Betrachtungsobjekt zwar einen starken kulturhistorischen Einschlag hat, so geht es in erster Linie doch um eine Beschäftigung mit dem Verkaufs- und Dienstleistungsautomaten, dem unsere Zeit immer mehr Interesse widmet. Ihm werden wir uns später in einem umfangreichen Teil zu widmen haben. Zwar werden wir dem Spielautomaten unsere Aufmerksamkeit zuwenden und uns an ihm vielleicht auch erfreuen. Es wird sich dann nämlich ergeben, warum der Spielautomat früher da sein mußte als der Verkaufsautomat. Ebenso wird dann leicht verständlich sein, warum in unserer Zeit eigentlich nur noch der Verkaufsautomat existieren kann, aber zu seiner technischen Entwicklung seines liebenswürdigeren älteren Bruders Spielautomat bedurfte. Beide haben eine bestimmte geistige Grundlage als Voraussetzung einer bestimmten Kultur nötig. Der entscheidende Einschnitt ist dort zu sehen, wo der Geist der Rechenhaftigkeit zum herrschenden wird und dem Menschen die Leichtigkeit zweckloser Spielerei nimmt, die Freude in Arbeit mit materiellem Erfolg ummünzt, die metaphysische Grübelei in das Suchen nach rationalen Apparaten und Organisationen verwandelt, die ewige Sehnsucht, den künstlichen Menschen zu schaffen, zur kühlen Überlegung werden läßt, den Roboter zu schaffen, der Arbeit abnimmt und Geld verdient. Der Wunsch, der so viele Generationen in der Unruhe des Geistes und der Herzen gehalten hat: »Sein wie Gott«, allmächtig zu sein wie Er, der Unaussprechliche, wird zum rationalen Wollen des zweckbetonten Vorteils. Das Ding soll lebendig und einem meß- und schaubaren Zweck untergeordnet werden. Der Spielautomat lebt in den oberen Schichten der privilegierten Gesellschaft. Der Verkaufsautomat dient den materiellen Wünschen der Massengesellschaft, die kaum noch an einer bescheidenen Spieluhr Interesse hat. Die Industriegesellschaft lebt anderen Zielen als die Kulturgesellschaft. Kultur und Zivilisation sind zwar ihrer Entstehung nach miteinander verbunden, aber am Ende schließen sie sich gegenseitig unwiderruflich aus. Wer Spielautomaten herstellt, schaut nicht auf die Uhr. Er hat Zeit und nimmt sich die Zeit. Die Uhr treibt ihn nicht an, sie verbindet ihn mit dem Ewigen. Er hat Phantasie, er schaut große und kleine Bilder. Sie will er in seinen Automaten zum Leben erwecken. Der Verkaufsautomat ist ein Massenerzeugnis, nach den Regeln der Maschine in großer Auflage, in gleicher Gestalt und mit gleichen Funktionen hergestellt. Der Spielautomat, immer als der einzige in der Welt des Luxus, der Freude und Geltung dienend, hat mit dem Verkaufsautomaten, dem Kind der demokratischen Gesellschaft der Gleichen, nur den gleichen technischen Grundgedanken gemein. Die Rechenhaftigkeit verdrängt den Spielautomaten auch dort, wo er durch eine nüchterne technische Apparatur, die billiger und wirtschaftlicher ist, ersetzt werden kann. Der Spielautomat als Kind des Luxus ist notwendig teuer, der Verkaufsautomat, in großer Zahl auftretend, ist billig. Die Industriegesellschaft hat nur eine auf rationale Zwecke gerichtete Phantasie. Die Zeit des Spielautomaten ist vorbei. Sie wird auch kaum mehr wiederkommen, und wenn sie einige tausend Jahre wirksam war. Ihre Grundgedanken leben im Verkaufsautomaten fort, dessen große Zeit noch vor ihm liegt. Die letzten Spielautomaten stehen in Museen, und einige wenige Sammler freuen sich an den kostbaren Kunstwerken. Ihr Glanz erinnert an ferne Zeiten, und von ihnen geht die wissende, zarte Wehmut vergangener Kultur aus. Und dies bietet sich noch einmal als Gegensatz an: Kultur ist schöpferisch und baut Gestalten, Wirtschaft ist rechenhaft und schafft Organisationen. Der Spielautomat ist einmalige Gestalt, der Verkaufsautomat ist Glied einer zweckgerichteten Organisation. Der Mantel des Geheimnisses um das Wunderbare ist gefallen.

Der Unterschied wird eklatant, wenn wir zwei literarische Äußerungen einander gegenüberstellen: das um 1130 entstandene »Alexanderlied des Pfaffen Lamprecht« und die »Gläsernen Bienen« des Ernst Jünger von 1957. Beide lassen ihrer Phantasie freien Lauf, aber wie andersartig sind ihre Wege. Lamprecht malt wundersame Bilder, um die Phantasie Ernst Jüngers weht die Eisesluft des rationalen Menschen der Gegenwart. Aber hören wir sie selber:

Lamprecht schildert einen Palast des Candacis (Schuchardt, Carl: Die Burg im Wandel der Weltgeschichte. Potsdam 1931, S. 325 f.): »Mitten im Palast war ein Tier gearbeitet, das war ganz von rotem Golde, einem Hirsche gleich; vorn an seinem Haupte hatte es tausend Hörner, und auf jedem Horne saß ein herrlicher Vogel. Auf dem Tiere saß ein Mann, der führte zwei Hunde und hatte ein Horn an den Mund gesetzt. Unten am Gewölbe lagen vierundzwanzig Blasebälge, zu jedem der Bälge gingen zwölf kräftige Männer, und wenn sie die Bälge in Bewegung setzten, so sangen die Vögel schön, der Mann blies in sein Horn, die Hunde bellten, und das wunderbare Tier brüllte wie ein Panther.« Die Phantasie des Lamprecht, so weit sie auch über die Welt hinaus greifen mochte, hat sich doch an der Wirklichkeit des Lebens entzündet; denn wir wissen, »daß sich in den Kaiserpalästen von Byzanz tatsächlich ähnliche Kunstwerke befanden: goldene Bäume am Throne mit künstlichen Vögeln darauf, die singen konnten, brüllende Löwen und dergleichen. Auch im Palaste des Großkhans der Tataren in Caracarum, nordöstlich vom Baikalsee, hatte im 13. Jahrhundert ein Pariser Goldschmied einen silbernen Baum geschaffen mit silbernen Schlangen und silbernen Löwen darunter, die die verschiedensten Getränke: Milch, Wein, Kumys und ein Reisgebräu in Becken spien. Oben auf dem Baum saß ein trompetender Engel.« Die Gebilde der Phantasie waren voll hintergründiger Symbolik. Hinter der Freude sprach lautloser Ernst. Der Automat lebte sein unergründliches Leben und war doch in des Menschen Hand, daß er ihm dienen mußte zu jeder Stunde. Traurigkeit sollte er verbannen, die Mächtigen der Erde sollte er für die Bittenden gewinnen. Denn die Gewaltigen leben in der Einsamkeit und lieben das kostbare Spielwerk wie ein Kind seine Puppe. Unter ihren Augen wächst aus dem Automaten der große Traum. Die schönsten Schlösser und Burgen formen sich aus den Wolken; der Gewaltige sieht und sieht auch wieder nicht. Da brüllt das Tier mit den hundert Hörnern; er spürt, Leben und Macht haben ein Ende, und er wird eines Tages bei seinem Namen gerufen werden. Die Sonne scheint, und es ist alles eitel Freude. Wie schön ist es, daß ihm Ding und Mensch dienen müssen. Das alles zeigt ihm der Automat. Und er freut sich auch daran, daß das Werk ganz aus Gold und Edelstein gemacht ist. Wer in der Welt hat noch dergleichen Kostbarkeiten? Geh zu allen Großen, du wirst Automaten finden, aber diesen einen nicht.

Ernst Jünger hat ein seltsames Buch geschrieben: Gläserne Bienen (Stuttgart 1957). Er beschäftigt sich da mit der Welt der Automaten. Schon daß er sie als Roboter bezeichnet, beweist, durch wie viele Lichtjahre diese von den Automaten des Alexanderliedes entfernt sind. Mir ist beim Lesen dieses Buches der Gedanke gekommen, Jünger habe gleich mir jene kleinen Tierautomaten von Henri Maillardet gesehen (1811): goldene und mit Perlen ausgestattete Spinnen, Eidechsen und Mäuse. Eine »wunderbar farbige, 7 cm lange Raupe ahmt den Gang dieser Kriechtiere nach. Ihr Körper besteht aus verschiedenen, ineinandergreifenden Ringen, welche sich nacheinander heben und so die Kriechbewegung zustande bringen.« So kann seine rationale, kühle, konstruierende Phantasie angefeuert worden sein, die »Liliput-Roboter« des Herrn Zapparoni zu erfinden: »Von gewissen Ausnahmen abgesehen, lag ihre obere Grenze bei der Größe einer Wassermelone, während sie nach unten ins Winzige gingen und an chinesische Kuriositäten erinnerten. Dort wirkten sie wie intelligente Ameisen. ... Zapparoni hatte mit winzigen Schildkröten begonnen, die sich bei feineren Ausleseprozessen bezahlt machten. Sie zählten, wogen und sortierten Edelsteine oder Banknoten, wobei sie die Fälschungen ausschieden. ... Es gab Schwärme von Selektoren, die kleine Brandherde nicht nur wahrnahmen, sondern auch im Entstehen löschten, es gab andere, die Fehlstellen an Leitungen ausbesserten, und wiederum andere, die sich vom Schmutz ernährten und unentbehrlich wurden bei Vorgängen, die perfekte Reinigung voraussetzten.« Für Industrie, Wirtschaft und Haushalt waren diese Apparate bald unentbehrlich geworden.

Hier ist der rechenhafte Verstand am Werk. Jedes Ding muß sich bezahlt machen, denn es soll einem besonderen Zweck dienen. Aber Jünger läßt seiner Phantasie (wenn Gedankenkonstruktionen als Phantasie bezeichnet werden können) noch viel weiter ihren Lauf. Sein Buch handelt ja von den »Gläsernen Bienen«. Doch vorher trauert er mit lächelndem Munde der Vergangenheit nach: »Aber man hatte doch immer zu Pferde gedient. Nun sollten diese herrlichen Tiere aussterben. Sie verschwanden von den Feldern und Straßen, aus den Dörfern und Städten, und längst hatte man sie nicht mehr beim Angriff gesehen. Überall wurden sie durch Automaten ersetzt. Und dem entsprach auch eine Veränderung der Menschen; sie wurden mechanischer, berechenbarer, und oft hatte man kaum noch das Gefühl, unter Menschen zu sein.« Die besondere Vorliebe für Insekten läßt Jünger die »Gläsernen Bienen« erfinden und ihr Wesen ausführlich schildern. Der Beobachter dieser seltsamen Automaten denkt sehr schnell: »Was Zapparonis Anlage betraf, so drängte sich nach dem ersten Erstaunen sogleich die Kostenfrage auf. Die gläsernen Geschöpfe machten durchaus den Eindruck von Luxusautomaten – ich hielt es für möglich, daß jedes einzelne soviel wie ein guter Kraftwagen oder gar wie ein Flugzeug kostete. Gewiß würde Zapparoni sie nach ihrer Perfektionierung in Serie herstellen, wie das mit allen seinen Erfindungen geschah. Offensichtlich konnte er auch mit einem solchen Volk, ja vielleicht mit einer einzigen gläsernen Biene an einem Frühlingstag mehr Honig gewinnen als ein Naturschwarm in einem Jahr. Sie konnten wohl auch bei Regen und in der Nacht arbeiten. Aber wie wollte er gegen die Bienenkönigin aufkommen, die große Mutter, die Tausende gebiert? Und zudem waren die Immen ja auch noch etwas anderes als Arbeiter in einer Honigfabrik. Ganz abgesehen davon, daß sie sich selbst genügen, spielt ihre Arbeit über den handgreiflichen Nutzen hinaus eine Rolle im kosmischen Plan. Dazu gehört ihre Pflicht als Liebesboten, die Blüten zu bestäuben, zu befruchten. Von Zapparonis gläsernen Kollektionen hätte ich eher den Eindruck, daß sie die Blumen rücksichtslos aussaugten und vergewaltigten. Wo sie die alten Völker verdrängen würden, mußte Mißernte, sodann Mißwuchs und endlich Wüste die Folge sein. Nach einigen großen Raubzügen gäbe es weder Blumen noch Honig mehr, und auch die Bienen wären ausgestorben, wie Wale und Pferde aussterben. . . . Ja, ohne Zweifel befand ich mich auf einem Versuchsfeld der Zapparoni-Werke, auf einem Flugplatz für Mikroroboter. Meine Vermutung, daß es sich um Waffen handelte, traf wohl das Richtige. Darauf und auf den platten Nutzen verfallen wir zuerst. Wenn Zapparoni seine Bienen auf Arbeiterinnen reduziert hatte, so hatte er sie doch des Stachels nicht beraubt, im Gegenteil.« Der Zitate mögen es nun genug sein. Sie beweisen, daß Jünger den Weg vom Spiel bis zur Zerstörung gegangen ist. Der Automat wird zum Diener im Haushalt und zum Roboter der Macht. Der Automat erhebt sich in seiner letzten Perfektion über seinen Schöpfer, den Menschen, und zerstört ihn. Wo er auch seinen Platz haben mag, die Kosten werden überdacht, so muß er irgendeinem Zweck dienstbar gemacht werden, den wir am besten als einen ökonomischen bezeichnen können.

Es ist ein Weg von Jahrtausenden nötig gewesen, bis aus dem Spielzeug ein zweckrationaler Roboter wurde. Seine Entwicklung ist noch nicht am Ende. Wären wir nicht selbst Zeugen einer fortwährenden Vervollkommnung, so hätte uns der Denker Ernst Jünger doch mit grausamem Ernst gezeigt, daß nur der geringste Teil der Möglichkeiten ausgeschöpft ist.

Die ersten beweglichen Figuren hatten eine religiös-mythische Bedeutung. Schon im alten Ägypten antworteten solche Figuren auf die Fragen der Priester durch ein Wort oder eine Geste. Einwandfrei können nachgewiesen werden: die fliegende hölzerne Taube von Archytas von Tarrent, 400 v. Chr., der Adler, den Pausanius erwähnt, die kriechende Schnecke des Demetrios Phalereus, der Android des Ptolemäos Philadelphos. Heros von Alexandrien »schmückte in seinen Abhandlungen über Physik die Demonstrationsapparate mit künstlichen Figuren und Tieren«. Im 3. und 2. Jahrhundert v. Chr. sind die ersten mechanischen Apparate wirklich nachweisbar (Chapuis in einer Schrift für die Firma Sandoz AG, Basel). Aus den Schriften des Heron »schöpften die Architekten und Ingenieure, welche die wunderbaren Wasserkünste mit ihren Automatenszenen in den Gärten italienischer sowie deutscher und französischer Fürsten schufen«. Heron konstruierte auch ein richtiges automatisches Theater, in welchem eine kurze mehraktige Tragödie dargestellt wurde. Philon und Ktesibius stehen für den griechischen Kulturkreis. In seiner Arbeit »Dädalos erfand den Roboter, Platons Nachtwecker, Homers sprechende Distanz, Plutarchs mechanischen Eber« (Frankfurter Allgemeine Zeitung, 27. 5. 1967) hat Georg Jappe die Welt der antiken Automaten in vielen Einzelheiten geschildert.

Wie Philadelphus im Altertum, so möchte auch der Mensch nach der Zeitenwende den künstlichen Menschen schaffen. Der große Albertus Magnus von Köln hat einen künstlichen Menschen gebaut, welcher die Tür öffnete und die Eintretenden grüßte. Die Menschen des 13. Jahrhunderts erschrecken, denn sie sehen darin ein Werk des Teufels. Um 1600 baute Georg Schmid in Augsburg eine goldene Tafeluhr. Ein Mohr zeigt mit seinem Stab auf der Kugel, die mit der Zeiteinteilung versehen ist, die Stunden an. Bei jedem Glockenschlag springt der Hund am Fuße der Säule auf. Im 16. Jahrhundert verfertigte der Nürnberger Hans Bulmann männliche und weibliche Figuren, die sich in mannigfaltiger Weise durch ein inneres Kunstwerk bewegten. Um die gleiche Zeit konstruierte ein Graf Böllstädt, »doctor universalis«, einen Roboter, der ebenfalls Türen öffnete und Besucher willkommen hieß. Das höchste waren die automatischen Menschen, »die gehend, musizierend, schreibend, zeichnend, sprechend die Welt erregten und wirklich kunstreich waren«. Ihnen folgte der berühmte Vaucanson, der »Dresdner Kreuzschuldirektor Valentin Merbitz beschäftigte sich um 1700 mit Sprechfiguren, wie später der Münchner Gallmeyer (1753), dann C. G. Kratzenstein (1780), A. Felkel (1780), Posch (1807). Der berühmte Schreiber von Knauß (1760) ist allen Androiden der Vaucanson, Jaquet-Droz., Maillardet ebenso überlegen wie der Trompeter Joh. Gottfr. Kaufmanns (1808–10)« (K. K. Eberlein im Reallexikon zur deutschen Kunstgeschichte, Stuttgart 1937). 1758 brachte Jaquet-Droz seine sogenannte Schäferuhr nach Madrid. Franz M. Feldhaus hat dieses Wunderwerk einmal beschrieben: »Auf der Uhr saß ein Schäfer, der beim Schlag der Stunden seine Schalmei erhob und sechs verschiedene Stücke blies. Sein Hund, der daneben saß, rieb sich schmeichelnd an seinem Herrn. Zu Füßen des Schäfers stand ein Korb mit Äpfeln, nahm man einen davon, so bellte der Hund so natürlich, daß einmal ein lebender Hund, der zufällig im Zimmer war, sogleich mitbellte.« Und Alfred Chapuis beschreibt weiter: »Neben ihm rührt sich ein Schaf. Zu ihren Füßen schaukeln zwei Amoretten, aber auf einmal kehrt sich der eine der Seite der Zuschauer zu, als ob er sich über seinen Spielgefährten lustig mache. Unter dem Zifferblatt in Bogenfenstern, die zu einem silbernen Balkon gehören, zeigen sich andere bewegliche Figuren: ein Amor hält auf der Hand einen singenden Vogel; eine elegante Dame, das Gesangbuch in der Hand, begleitet mit ihren Bewegungen eine Carillonmelodie.« Feldhaus macht uns dazu noch eine wichtige Mitteilung: »Der Künstler bat nun aber, aus Furcht vor der Inquisition, sein Werk dem Großinquisitor vorführen zu dürfen. Obwohl der hohe geistliche Herr schwerlich den Mechanismus verstand, trat er in einer öffentlichen Bekanntmachung der aufdämmernden Meinung, die Uhr sei ein Werk des Satans, im Namen der Kirche entgegen.« Von dem gleichen Künstler und seinem Sohn stammen der »Schriftsteller«, der »Zeichner«, die »Musikerin«. Der Zeichner kann vier Zeichnungen anfertigen. Der Erfolg dieser Androiden war so groß, daß sie in allen europäischen Hauptstädten und an den Höfen vorgeführt werden mußten. Zusammen mit Maillardet schufen Vater und Sohn drei weitere Androiden, darunter eine Pianistin. Kaufmann in Dresden zeigte außer seinem blasenden Trompeter ein »musikalisches Instrument, welches mehrere Stücke mit vollem Ton, richtigem Rhythmus sowie auch mit einer Hebung und Senkung des Tones und einer dem Gehalt des Stückes entsprechenden Änderung des Taktes spielte.«

In Paris sah man 1859 während der Weihnachtsausstellungen Puppen bis zu drei Fuß, welche als Automaten alle menschlichen Bewegungen machen können. »Der Spaß kostet aber 800–1500 Franken« (Pariser Damenkleider-Magazin 1859). Um 1900 werden Androiden angeboten, die Porträts zeichnen können, Puppen, welche die Typen einer Schreibmaschine mit einer Bürste reinigen, Puppen, welche die Spezialangebote mit der rechten Hand auf eine Tafel schreiben und mit der linken wieder auslöschen. Von da aus läßt sich leicht die Verbindung zum Automaten herstellen, der nur noch ökonomischen Zwecken zu dienen hat. Von diesen Androiden ist die Magie abgefallen, die uns noch anwehen will, wenn Goethe den Wagner Faustens es unternehmen läßt, den künstlichen Menschen, den Homunkulus, zu schaffen. Auch ergreift uns nicht mehr jene unbestimmbare Angst, die von dem Golem Gustav Meyrinks ausgeht, der durch die engen Gassen von Prag tappt. Der künstliche Mensch beschäftigt Philosophie und Literatur. (Noch kaum jemand ist in diesem Bereich seinen Spuren nachgegangen, obwohl uns dadurch mancherlei Einsichten geschenkt würden.) 1938 ging durch die Zeitungen die Nachricht, daß es einem Schweizer Mechaniker August Huber gelungen sei, nach zehnjähriger Arbeit einen Maschinenmenschen herzustellen, »dessen Leistungen alles auf diesem Gebiet bisher Erreichte übertreffen. Die Figur dieses Maschinenmenschen, den sein Erfinder ›Sabor‹ genannt hat, ist 2,25 Meter groß und wiegt über 200 Kilo. Sabor kann vorwärts und rückwärts, seitwärts und links gehen, die Arme und den Kopf bewegen, die Augen öffnen und schließen, er kann einem Raucher Feuer geben und selbst rauchen. Er spricht mit korrekter Lippenbewegung, er hört und beantwortet Fragen. Die Figur wird drahtlos gesteuert und kann auf 30 Kilometer Entfernung auf die Steuerung reagieren. Zur Ausführung der Bewegungen sind etwa 20 Motoren in der Figur untergebracht, darunter Grammophongeräte, Ultrakurzwellenempfänger und Mikrophone.« Alexander Rüstow (Ortsbestimmung der Gegenwart. Dritter Band, Herrschaft oder Freiheit. Zürich/Stuttgart 1957) meinte: »Wenn ... in zunehmendem Maße künstliche Menschen und Tiere konstruiert wurden, so hatte diese komplizierte Spielerei einen sehr ernsthaften philosophischen Hintergrund. Descartes betrachtete bekanntlich den lebenden Körper als einen Mechanismus, einen kunstvoll konstruierten Automaten, und wenn er ihn im Falle des Menschen auch noch von einer Seele gleich einem chauffierenden Engel lenken ließ, so fiel dieser Unterschied bei Lamettrie (L'homme machine 1748) fort. Nach dieser Vorstellung der gleichzeitigen Philosophie waren also die wirklichen Menschen nicht minder als die künstlichen Menschen der Kuriosenkabinette hommes machines, und der Unterschied lag nur in dem Vollkommenheitsgrad der technischen Konstruktion. Und wie der Mikrokosmos, so war ja auch der Makrokosmos eine kunstvoll konstruierte Maschine.«

Wenn man sich diese philosophische Schau zu eigen macht – wofür vieles spricht –, ergibt sich die ungebrochene Aussicht auf die Gegenwart. Wir stießen auf Ernst Jünger und auf den Automaten, der Zwecken zu dienen hat und der schließlich als Apparat vor uns steht, ohne die allergeringste romantische Beigabe. Der Verkaufsautomat ist wiederum nur ein geringer Anfang. Er gehört gar nicht dazu, wenn von dem neuen Zeitalter der Automation gesprochen wird mit seinen denkenden, komponierenden, musizierenden, übersetzenden, rechnenden und schreibenden Apparaturen, deren Gedächtnis man außerdem Abermillionen von Daten anvertrauen kann. Was ist dagegen etwa das Automatenwerk der Nürnberger Wolrab (Goldschmied) und Hantsch (Mechaniker), das sie um 1660 für den Thronerben Frankreichs nach einem Riß von Vauban anfertigten. (Wittkowski, Josef: Von Spielzeug und Spielzeugmachern. In: Unser Bayern, Heimatbeilage der Bayer. Staatszeitung; München, April 1956.) »Es heißt, daß Vauban deshalb selber nach Nürnberg geschickt worden sei. Das Spielzeug aber war ein ›besonderes Kunstwerk‹, darinnen vermöge eines Räderwerkes etliche hundert Soldaten, sowohl Reuter als Mousquetierer, die alle von Silber waren, die gewöhnlichen Exercitia machten, indem sie sich links – rechts herstellten, die Glieder verdoppelten, das Gewehr senkten, anschlugen, Feuer gaben und sich retirierten, die Piquenirer die Reuter aus dem Sattel zu heben, diese aber mit Lösung ihrer Pistolen sich zu defendieren fix und fertig waren.« Oder wie sollen wir jenen Automaten verstehen, von dem Gertraude Schwarzenfeldt berichtet (Rudolf II. Der saturnische Kaiser. München 1961): »Im Jahre 1485 brachte eine kaiserliche Gesandtschaft mit dem Zins von 45 000 Talern ein herrliches Uhrwerk von vergoldetem Silber, ganz in der Form eines Kastells und gleichsam ein kleines Serail. Zu jeder Stunde schlug die Uhr, darauf öffnete sich die Pforte, es erschienen Statuen, alle von Silber, der Sultan zu Roß mit Gefolge und etlichen Bassen; sie ritten im Halbkreis und verschwanden in der anderen Pforte. Glocken schlugen die Stund. Alles so herrlich, daß die Christen sich verwunderten, die Türken aber wie ganz bezaubert standen, heißt es in Sagredos Bericht.« Man machte Androiden, die sich bewegten, Zimbeln, Pauken und Lauten schlugen, Gewehre abfeuerten, segelten, tanzten. Der automatische Mensch war das höchste. Wittkowski hat ein Werk des Schlossers Wernher (1698) beschrieben, das viele sich bewegende Menschen zeigte und als der »Frau Venus Schiff« bezeichnet wurde. »Es maß dreiviertel Ellen und ging auf einen Tisch, und darinnen saß ein Weibsbild, ungefähr einer Spannen lang, das schlug mit beiden Händen auf ein Hackbrett mit Saiten eine recht gemessene Mensur; zuvörderst aber auf dem Schiff stand ein Kindlein, eines Fingers lang, das bewegte seinen Kopf und ruderte mit seinen Armen; zuhinderst des Schiffes stand auch ein Kindlein, mit zwei Fügeln, das hatte einen gespannten Bogen und auf der Sehne einen Pfeil liegen. Das war also zugerichtet, welchen man am Tisch wollt haben, auf denselben wendet sich das Kindlein und schoß auf ihn ab.«

Sobald der Betrachter bis hierher zurückgeht, wird er dessen inne, daß der Maschinenmensch Ziel im Sinne der Interpretation von Rüstow ist. Er hat nach vorwärts gesehen, und deshalb stimmen seine Überlegungen. Wie wäre es gewesen, wenn er als Anregung Heron von Alexandrien gewählt hätte oder nur der »Frau Venus Schiff«, das nur fünfzig Jahre vor dem Auftreten des Lamettrie entstand? Die Einsicht könnte leicht die entgegengesetzte von Alexander Rüstow sein. Ein Zeitalter des Spiels, des zwecklosen Schöpfertums, des Luxus geht unwiederbringlich seinem Ende zu, um dem der Rechenhaftigkeit Platz zu machen. Im ersten Zeitalter empfindet sich der Mensch keineswegs als Maschine, er will »nur« in seinen kühnsten Träumen die Schöpfung Gottes nachvollziehen. Es kann sein, daß die großen Geister jener Zeit, aber auch die Schöpfer jener künstlichen Menschen hinter Spiel und Luxus drohende, ja tödliche Gefahren zu sehen vermochten, so wie sie Ernst Jünger in dem obenstehenden Satz aufleuchten läßt: »Meine Vermutung, daß es sich um Macht handelte, traf wohl das Richtige.« Könnte nicht sein, daß solche

Einsicht von den »Eingeweihten« zurückgehalten wurde – als Staatsgeheimnis vielleicht –, um Schaden und Zerstörung abzuhalten? Denken und Handeln sind metaphysisch bestimmt. Der Spielautomat, und damit der künstliche Mensch, sind Gottes oder des Satanis. Zerstörung und Tod sind des Satanis. Wer wagt es, solche Apparate herzustellen? Gott straft die Menschen, daß sie dahinsinken wie welkes Gras. Cholera und Pest schlagen Menschen ohne Zahl tot. Geißlerscharen ziehen als Büßende durchs Land. Keinen gibt es, der den Seuchen Einhalt gebieten könnte. Wie Geschöpfe von einem anderen Stern leuchten die Spielautomaten in ihren goldenen und diamantenen Gehäusen. Wollen sie trösten? Dann würden den Trost nur die wenigen Großen und Reichen erhalten können.

So nimmt sich die Kirche sehr frühzeitig um den Spielautomaten an, läßt den Apparat ins Überdimensionale entwickeln und von den Kirchen zu den Menschen von Tod und Gnade sprechen. Von ihnen sind viele auf unsere Tage überkommen. Nur – wer wird davon noch in dem Sinn angerührt, dem sie einmal gedient haben? Sie sind Schaustücke und Attraktionen für Fremde geworden. Das ist alles. Insofern wäre auch in diesem Vorgang ein Beweis gegen die Erklärung von Alexander Rüstow zu sehen.

So ist der »Tod von Ötting« recht bekannt geworden. Er befindet sich an der Standuhr beim Hauptportal der Stiftskirche in Altötting. Der Tod als Gerippe schwingt seine Sense im gleichen Takt wie das Perpendikel. Der Hersteller ist unbekannt. Das Werk entstand wahrscheinlich in der Zeit des »schwarzen Todes« um 1650 wie der »Tod von Ochsenfurt« im Giebel des Rathauses. Lange Zeit spielen Christus-, Schächer-, Teufelsfiguren eine Rolle. K. K. Eberlein (a.a.O.) weist dazu auf die Apparate der Kunstgeschichte hin (»ingegni« wie der Adler des Villard de Honnecourt oder wie notre dame du monternent à Rabastens), die komischen Altarengel (Kloster Schönthal a. d. Jagst 1730–37), Orgelfiguren (Kloster Weingarten 1750, von München 1753, Orgelköpfe, Orgel-»Rohraffen«, Straßburger Münster: Samson, Bretzelmann, Trompeter). Seit 1300 entstanden allüberall die automatischen Glockenschläge mit und ohne Figurendefilé. So das Männleinlaufen in Nürnberg über dem Balkon der Frauenkirche, von dem die Heiltümer (die Reichskleinodien) dem Volk gezeigt wurden (Georg Heuß 1356–61); oder die Uhr des Straßburger

Münsters (1354) mit ihren zwölf Aposteln und dem krähenden Hahn. Weltberühmt sind die zwei Mohren auf dem Uhrturm am Markusplatz in Venedig. Eberlein nennt fast dreißig Städte mit solchen Spielwerken. Alfred Chapius ergänzt jene Beispiele: »Mit der Zeit entstand eine ganze reiche Kollektion: Erscheinen der Heiligen drei Könige vor der Madonna oder symbolische Darstellung der Zeit, des Todes; als Beispiele dafür seien die großen schweizerischen Glockentürme von Solothurn und Bern genannt.«

Wie stark der Mensch zwischen Jenseits und Diesseits lebt, wird dem Rückschauenden klar, wenn er sieht, wie dieser gleiche Mensch den Rausch des Lebens in vollen Zügen genießt, den Freudenbecher bis zum letzten Tropfen leert und sich am nächsten Tag als demütiger Büßer unter das Wort des Herrn beugt. So ist das ganze Leben mit Attributen und Bräuchen des Glaubens durchwoben. Irdisches und Göttliches sind untrennbar miteinander verbunden.

Pignet und Meylan haben das Automatentheater möglich gemacht. »Diese winzigen Automaten stellen alle möglichen Szenen dar, sei es in kostbaren Fernrohren, in den verschiedensten kleinen Vasen, in Broschen und sogar in Ringen, und vor allem natürlich in Uhren und Schnupfdosen. Einige sind unglaublich klein, so enthält das Unterteil eines Necessaires aus emailliertem Gold ein Marionettentheater. Die beweglichen Figuren, welche nicht mehr als zwei Millimeter hoch sind, bewegen sich zu einer feinen Musik. Gewisse Uhren und Schnupfdosen enthalten richtige Werkstatt- und Komödienszenen, ja sogar Theaterdarstellungen; so tanzen z. B. Figuren in einer prächtigen Szenerie, dazu spielt unter der Leitung eines Dirigenten ein Künstler Harfe. Sogar religiöse Szenen wie die Verkündigung wurden dargestellt: die Jungfrau kniet nieder, während sich ihr der Heilige Geist in Gestalt einer Taube nähert.« Der Geist der Religiosität ist noch wirksam in den äußersten Bezirken des Luxus. Die Spielerei wird gerechtfertigt durch das Heilige, welches sie darstellt. Selbst wenn dies nur noch ein Vorwand ist, so zeigt sich doch, daß sich der Mensch noch nicht ganz in die Gedanken des Lamettrie entlassen fühlt. Die leichtsinnige Welt des 18. Jahrhunderts gibt immer noch Gott, was Gottes ist, und entfaltet dann einen Luxus, in dem sich der Glanz von tausend Jahren sammelt. Sie sieht nicht, was für ein schreckliches Gericht über sie kommen wird, aber ihre Menschen verstehen, unter der Guillotine adelig-würdig zu sterben. Ihre Welt versinkt mit ihnen, wenn sie auch in der Restauration bis zum Ende des Kaisertums von Napoleon III. noch einmal einen Nachglanz erlebt. Es ist wie das goldene Abendrot, das schnell in der Dunkelheit der Nacht versinkt. Im Nachglanz leuchtet der Ruhm der Automaten auf wie nie zuvor. Und er wird in goldene Gehäuse gekleidet wie keiner seiner Vorgänger.

»1710 führt Jean Truchet, auch Père Sébastian genannt, Ludwig XIV. ein ganz außergewöhnliches mechanisches Theater vor. Die Figuren waren geschnitzt und das Theater nur 50 cm lang. Fünf Akte wurden dargestellt, die Figuren spielten mit großer Lebendigkeit, und die Szenerien wechselten von selber.« 1740 schuf Ludwig von Knaus eine Uhr, in der »die verschiedenen und komplizierten Szenen der Krönung der Kaiserin Maria-Theresia und ihres Gemahls Franz Stephan von Lothringen dargestellt werden, begleitet von Glockengeläute und Choralgesang«.

»Zwei Operngläser gehören zu den prächtigsten Schmuckstücken, welche um 1800 geschaffen worden sind.« Sie befinden sich heute in der Sammlung M. Sandoz-Burier. »Beim Drehen der beiden Operngläser kommen nacheinander eine Uhr und verschiedene auf mehrere Schauplätze verteilte Landschaften zum Vorschein; dort stellen winzige Automaten eine Jagd- oder eine Schiffsszene dar. Beim zweiten Opernglas sieht man auf dem ersten Schauplatz einen Leuchtturm und einen Baum, an welchem ein Anker lehnt. Segler und andere Schiffe, die mit mehreren Automaten besetzt sind, fahren über das Meer; so befindet sich z. B. auf einem Boot eine Gruppe von Ruderern. Zum Klang einer Melodie läuft die ganze Szenenfolge zweimal ab.«

Der Nürnberger Daniel Burgschmiet (1796–1858) baute ein Automatentheater. Zwischen 1750 und 1790 bringen Schwarzwälder Uhrmacher die Erzeugnisse ihres winterlichen Hausfleißes zuerst nach Thüringen und Sachsen, schließlich nach Amerika und in die Türkei. Ihre Kuckucksuhren rufen überall Staunen und Bewunderung hervor. Aber erst Spieluhren und andere Spezialitäten öffneten ihnen die neuen Märkte. Der Sultan z. B. erhält eine Spieluhr als »Verehrung«. Er stellt daraufhin einen Freibrief aus für den Uhrenverkauf in der Türkei. Bereits um 1830 hatten die Schwarzwälder Räderpendulen gebaut, ganz aus Holz, die zugleich Spieluhren waren, in denen richtige Szenen im Stil des Volkstheaters abliefen. Sie sollen oft recht witzig gewesen sein. Die Spieluhr wird als Werbemittel benutzt. Aber den letzten Schritt tut sie nicht. Sie stirbt, bevor sie ökonomisiert wird. Dafür fehlen ihr Eignung und Ernst.

Aber bis zur Erfindung des Rundfunkgeräts sind der künstliche Mensch und das Theater des Spielautomaten noch auf den Jahrmärkten zu finden. Vor den Schaubuden des Karussells standen kleine und große Orgeln. In ihrer Schauseite stand wohl ein Kapellmeister, der den Taktstock schwang, links und rechts von ihm tanzten zwei Mädchen. Es gab viele Variationen, aber immer handelte es sich um künstliche Menschen, die sich zum Takt der Orgelmusik bewegten. Oft sah man vor den Schaubuden auch eine Wachszigeunerin in einem Glaskasten sitzen. Sie atmete schwer, öffnete und schloß ihre Augen. Auf einem Tablett hielt sie Wahrsagebriefe, die man um einen Groschen erstehen konnte. Die letzten Automaten, nur noch armselige Nachkommen ihrer goldenen Väter, starben elend auf den Jahrmärkten. Es ist aber gewiß, daß seitdem die Volksfeste ärmer geworden sind, und wenn die Radios noch so laut auf den Besucher hinplärren.

Als letzten Nachklang schuf der Nürnberger Hofuhrmacher Gustav Speckhart eine Kunstuhr, die heute in der evangelischen Stadtkirche in Schramberg steht. Sie führte die Heilige Passion vor, wie sie alle zehn Jahre in dem bayerischen Dorf Oberammergau gespielt wird. 1893 ging ihr eine Kunstuhr von dem gleichen Muster voraus, die ebenfalls die »Heilige Passion« vorführte. Sie ist 1897 in Arnheim, Holland, verbrannt.

Schauen wir ein letztes Mal rückwärts und sehen wir den langen Weg vor uns, den der Spielautomat gegangen ist, bevor er seine Unterkunft in Museen und Sammlungen fand. Jetzt geht es nicht mehr um den Sinn, das Schöpfertum Gottes an sich zu reißen durch die Schaffung des künstlichen Menschen oder die Ewigkeit in die Gegenwart schauen zu lassen durch die Beschwörung Gottes und des Satanas, oder den Tod zu zeigen, wie er ja in den Totentänzen der Zeit in nicht endenwollenden Reigen zum gefürchteten Gefährten des Menschen gemacht wird. Nun entsteht der Spielautomat nur noch um des Luxus willen; er zeigt den Reichtum des Besitzers. Ein Kuriositätenkabinett, das doch so hoch geschätzt wurde, ohne einen Spielautomaten wäre nur eine halbe Sache gewesen. Der Spielautomat war als Kuriosität nicht zuletzt gefertigt und als kostbares

Spielzeug für die Menschen einer Zeit, die sich schon zum Sterben gelegt hatte. Daß er aber auch als Mittel benutzt wurde, das Ansehen zu heben, sei nur noch am Rande vermerkt. So ist der Phantasie der Väter jener Automaten, der Goldschmiede, Mechaniker und Uhrmacher keine Grenzen gesetzt, so wenig wie sie irgendeine Rücksicht auf die Kosten ihrer Wunderwerke nehmen mußten. Wahrscheinlich konnten sie sich auch viel Zeit lassen – sehr im Gegensatz zu ihren Urenkeln von heute. Bei Chapuis ist zu lesen, »daß die großen Automatenbauer einen Augenblick lang etwas anderes im Sinn hatten, als wissenschaftliche Kuriositäten hervorzubringen, die übrigens damals mit einem großen Geheimnis umgeben waren«. Ein halbes Jahrhundert später meinte Helmholtz, diese Männer, »die an Begabung den berühmtesten Erfindern des 19. Jahrhunderts nicht nachstehen, hätten nicht so vielen Scharfsinn und so großen Opfersinn gezeigt, wenn sie sich nicht ernstlich das Problem der Nachahmung der Natur gestellt hätten. Wenn sie auch schließlich daran scheiterten, trugen ihre Arbeiten doch in hohem Maße zur Entwicklung der Mechanik bei. Auf sie geht indirekt die automatische Maschine zurück, die wahrscheinlich einen ungeahnten Aufschwung genommen hat.« Wir sind in der Schlußfolgerung mit Helmholtz einig. Aber das »Problem der Nachahmung der Natur« hat Scharfsinn und Opfersinn nicht in der dargestellten Weise beschäftigt. Natürlich wollten sie die Natur nachahmen, aber sie wollten keinen Beitrag zur Entwicklung der Mechanik leisten. Jene Männer waren Künstler, gefangen in ihrer Phantasie; diese wollten sie in die Wirklichkeit umsetzen, auch wenn für ihr Werk noch gar kein Käufer vorhanden war. Der Künstler bringt nur um seines Werkes willen Opfer, deren ein anderer Mensch kaum fähig ist. Er hat aber auch Wunschträume seiner Auftraggeber zu erfüllen versucht. Das hohe Entgelt ließ es zu, daß er wie ein Besessener seinem Werk lebte. Er wird auch erlebt haben, daß seine Träume oft genug die gleichen waren wie die seiner Auftraggeber. Unsere Meinung, in überspitzter Form, ist daher die: den Automatenkünstler hat nicht die Förderung der Mechanik interessiert, er hat sie aber auch nicht hindern können. Wir wollen Beispiele zeigen, die nur von Verspieltheit und Kostbarkeit zeugen und die sich mit der Aura des Luxus begnügen. In diesen Realität gewordenen Träumen hat der Spielautomat seine letzte Vollendung erfahren.

In der Zeitschrift »Der Münzautomat« (Mainz, Oktober 1955) war zu lesen: »Die genialsten Techniker lebten in Byzanz. In dem Kaiserpalast saßen neben dem Kaiserthron zwei riesige goldene Löwen, die sich mittels einer Mechanik von ihren Plätzen erhoben, schrecklich brüllten und sich wieder niederlegten. Hinter dem Thron stand eine goldene Platane, auf der bunte Vögel aus Gold und Edelsteinen saßen; sie konnten ihre Flügel bewegen und singen. Seit dem Jahr 840 n. Chr., als der junge Kaiser Theophilus an solchen Automaten Gefallen fand, hat man so kunstvolle Dinge nicht mehr gesehen.« Im 15. Jahrhundert verfertigte Regiomontanus für Kaiser Maximilian eine eiserne laufende Fliege und einen eisernen Adler, der den Kaiser bei seinem Einzug in Nürnberg mit Flügelschlag und Kopfbewegungen begrüßte. Gianello della Torre schuf für Kaiser Karl V., als er sich in das Kloster San Gerenino de Yuste zurückgezogen hatte, automatische Figuren. Leonardo da Vinci hat einen Engel und einen Löwen konstruiert. Später finden sich automatische Uhren in Form von Schiffen, Wagen, Krippen mit Musikwerk. Auf Tabatièren ist der singende Vogel im Käfig zu sehen, wie der Vogel wohl in bevorzugtem Maße verwendet wird. Uhren, Vasen, Spiegel werden so ausgestattet. Jaques de Vaucanson, einer der berühmtesten Automatenkünstler (1709–1782) hat eine Ente konstruiert, die auf dem Wasser schwamm, Körner fraß und sie in verdauter Form wieder von sich gab. Neben dem Vogel finden sich Schleifer, Schmiede, Tänzer, Musikanten, Zauberer. Ebenso ist das übrige Getier beliebt (z. B. zwei Krebse von Hans Schlottheim, Dresden 1589; nach Eberlein, a.a.O.). Die Gattin des großen Napoleon, Josephine, besaß einen geigenspielenden Affen und einen Blumenstrauß mit mechanisch singenden Vögeln. Einer der letzten Künstler wird wohl Carl Fabergé (1846–1920) gewesen sein, der am Hofe der Zaren Alexander III. und Nikolaus tätig und gleichzeitig Hoflieferant u. a. der Könige von England und Siam war. Die Zarin und die Zarinmutter liehen gelegentlich der Weltausstellung von 1899 in Paris ihre Sammlung von 49 goldenen Ostereiern aus, welche zum Schönsten gehören, was dieser Künstler ausgedacht und verwirklicht hat. Ein Ei, noch 1908 für die Kaiserinmutter Maria Feodorowna bestellt, befindet sich heute in der Sammlung Sandoz. »Dieses Kristallei á la Louis XV. mit goldenem Fuß und goldener Umfassung enthält im Innern einen aus Edelsteinen verfertigten Strauch, auf welchem ein Pfau aus emailliertem Gold sitzt. Der mit einem Mechanismus versehene Pfau kann herausgenommen und aufgestellt werden; majestätisch schreitet er vorwärts und schlägt das Rad.« Chapuis zeigt weiter im Bild ein »Kästchen aus Perlmutter mit Goldbeschlägen, welches einen singenden Vogel und seine ebenfalls ›lebendigen‹ Kleinen enthält. 1820 wurde es in Genf für die Königin Maria Theresia von Sardinien hergestellt. ... Der goldene Deckel ist mit einem von Saphiren, Opalen und Türkisen umkränzten Amethyst geschmückt. Die Bewegungen der drei kleinen Vögel und die Bewegungen des großen Vogels, der in einer goldenen Blume pickt, bedingten ein sehr kompliziertes Werk. Im Kästchen selber, welches einen goldenen Boden aufweist, sind in feinem Gold die Gegenstände eines Necessaires enthalten. Außerdem ist das Kästchen mit zwei Spielwerken versehen. Das links reproduziert zwei Melodien von Mozart, das rechts spielt zwei Melodien aus dem Barbier von Sevilla.« »Die Brüder Rochat erfanden um 1815 die berühmten schmuckstückartigen Pistolen, bei denen der Druck auf den Abzug nicht einen Vogel, sondern eine Seerose zum Vorschein bringt. Diese öffnet sich, und zugleich stömt ein kostbares Parfüm aus dem mit Löchern versehenen Blumengriffel. ... Die ganz aus emailliertem Gold gearbeitete Pistole, deren Lauf mit Arabesken aus feinen Metallplättchen und deren Griff mit Halbperlen und größeren Diamanten verziert ist, präsentiert sich als doppelläufig. Der Ladestock ist ebenfalls golden, er dient zum Aufziehen des Mechanismus.«

Vielleicht war Zar Nikolaus II. der letzte Liebhaber, der noch Spieluhren von barbarischer Pracht und atemberaubenden Fähigkeiten bestellte. Schon steht der große Krieg von 1914 vor der Tür. Der Zar sollte bald in der russischen Revolution von 1917 untergehen. Aber er war die letzte Nachhut einer längst vergangenen Zeit und begriff nicht, daß eine andere Welt auf sie zukam. Er wurde ermordet, die 49 Ostereier seiner Familie sind in alle Winde zerstreut. Vorbei ist es mit den singenden Vögeln, mit Fasanen, Elefanten, Stieren, Pferden, dem Flötenspieler, den Glockenspielen. Nicht einmal die Zauberer auf den Volksfesten sind mehr gefragt. Zweckloses will nicht mehr getan werden. Theodor Heuss (Randfiguren der Geschichte, Tübingen 1947) hat geschildert, wie noch der Pfarrer Matthäus Hahn in Echterdingen an der Wende vom 18. zum 19. Jahrhundert ganz zu seiner Freude astronomische Uhren und Maschinen baute, »Räderwerke mit Sekunden, Minuten, Tagen, Monden, Jahren, mit dem Weg der Planeten, mit der Ordnung der Fixsterne; da gab es Rechenmaschinen, die nach ein paar Hebeldrucken in allen vier Spezies exellierten«. Er hat gezeigt, wie man brauchbare und genaue Waagen bauen könne. Daraus ist eine Weltindustrie geworden. Der Pietist aber baute eine Weltenuhr, die auf den Anbruch des »Reiches« eingerichtet war. »Die beiden Kräfte des Jahrhunderts, das Erwachen pietistischer Mystik und ein praktischer Rationalismus – Rechenhaftigkeit, und zumal maschinelle, ist immer rational –, sind bei ihm aufs wunderbarste gemischt.« Hahn, der zu seiner Freude baut, ist noch ein Mensch des Übergangs. Seine Weltenuhr ist vergessen, seine Waagen sind lebendig geblieben. Dafür haben sie ihm auch ein Denkmal gesetzt.

Was also ist geblieben? Sollen wir sagen, Museen und Sammler? Das trifft sicher weithin zu. Aber etwas ist doch geblieben. Ein Massenartikel zwar und von großer Primitivität, die keinerlei Erinnerung an die goldenen Spielautomaten aufkommen läßt: einmal im Jahr darf der moderne Mensch sozusagen offiziell rührselig sein. Dann kauft er eine kleine Spieldose für seine Kinder, die zwei oder auch drei Weihnachtslieder ablaufen läßt. Er sitzt dabei und denkt an damals.

»Spieluhren findet man gelegentlich noch.« (Freude an schönen Dingen. Gütersloh 1962.) »Etwa in Form einer schönen Holzdose, auf der, zu einem heiteren Frühlingslied, ein Kinderreigen um einen bekränzten Maibaum tanzt, mit Blüten in der Hand, alles aus Holz geschnitzt.« Weltmittelpunkt für die Herstellung von Spieluhren ist St. Croix de les Rasses im Schweizer Jura. Dort befindet sich wohl das größte Museum für Spieluhren. »... dort steht der Edison-Phonograph, dort quärren aus riesenhaften Trichtern die ersten Grammophone, dort pfeifen und tirilieren allerlei Vögel in ihren Käfigen ... Jede Art von mechanischer Musik, die jemals erdacht wurde, von den Liliput-Spieldöschen für das Feuerzeug, für den Autoschlüssel, für die Anstecknadel, die Brosche, aus denen es nun ›O du mein Max‹ erklingt, bis hin zu der schlimmsten aller mechanischen Lärmmaschinen, dem Orchestrion, in dem sich gleich Klavier, Orgel, Becken, Trommel und Pauke um die Wette rühren. Nur für die mächtige Amsterdamer Straßendrehorgel mit dem blitzenden barokken Goldstuck fand ich einstweilen keinen Platz.«

Und das ist die Geschichte von Glanz, Armut und Vergehen des Spielautomaten. In der neuen Zeit steht der Verkaufs- und Dienstleistungsautomat. Wer weiß, wie lange er uns durch die unruhige Zeit begleitet?

## Außerordentliche Werbung

Was ist nicht schon alles über die Werbung hergemacht worden. Mit schwerstem Geschütz wurde sie von ihrem ersten Lebenstag an unter Beschuß genommen. Zwar mochte sie im Grunde kein Mensch, aber sie hat doch alles Ungemach so gut überstanden, daß sie heute mehr denn je blüht. Es ist nur selten so, daß ein Wesen durch dauerndes Ablehnen wächst, und eigentlich kann doch ein Instrument, eine Institution nur dann und so lange wirken, wie es Anerkennung findet. Warum macht die Werbung eine Ausnahme? Eigentlich dürfte das keinen der Beteiligten übermütig machen. Am Ende könnte es gar zu staunenswerten Ereignissen kommen, die der Werbung ans Leder gehen möchten. Wen aber schert das? Wie oft ist schon der Untergang prophezeit worden, und die aus Furcht davor die Segel strichen, waren am Schluß genauso die Blamierten wie jene Menschen, die an den immer wieder auf die Minute genau vorhergesagten Weltuntergang geglaubt hatten. Haben sie nicht all ihr Eigentum bis auf den letzten Nagel verjubelt und standen dann nackt und bloß in einer schadenfrohen Welt, die sich um keinen Weltuntergang gekümmert hatte?

Nicht daß es unsere Absicht wäre, die so viel gescholtene Werbung zur Abwechslung einmal in den Himmel zu heben. Sie ist nur oft ungebärdig gewesen und stand sich noch öfter selbst im Weg. Damit forderte sie die Ablehnung heraus und hätte es doch viel einfacher haben können.

Freilich, als sie zum Instrument der modernen Industriewelt entwickelt wurde, konnte kein Mensch so recht mit ihm umgehen. Wer wußte schon, welche Gewalt hier verborgen lag? So wohl kommt es zu jenen haarsträubenden Übertreibungen, über die zuerst gelacht wird und dann geschimpft. Aber wiederum ist bemerkenswert, daß dieser zuerst entschuldbare Übelstand nach einer schicklichen Frist nicht verschwindet, sondern sich seit hundertfünfzig Jahren bis auf diesen Tag in immer neuer Gestalt präsentiert. Das wäre des Nachdenkens wahrhaftig wert. Denn es ist merkwürdig genug. Aber man kann einige Gründe dafür beibringen.

Jedermann macht seine Werbung selbst. Weil er Angst vor dem Konkurrenten hat, schaut er ihm auch gern über die Schulter. Niemand weiß so recht, was Werbung ist, aber viele müssen sich jetzt damit abgeben so gut oder so schlecht, wie sie bisher Waren fabriziert haben, die ihnen auf einmal nicht mehr aus der Hand gerissen werden. Der einzige Teilhaber an der Gestaltung des neuen Instruments ist die Frau des Unternehmers. Das soll auch heute noch in gar nicht so geringem Maß der Fall sein. Solche Werbung sah und sieht danach aus. In erster Linie kam es darauf an, originell zu sein, Aufsehen zu erregen; es kam nicht darauf an, ob die Leute lachten oder weinten. Kenntnis mußten sie nehmen, und wenn ihnen die Zähne ausfielen! War es nicht schön, zu fabulieren, aus einer Maus einen Elefanten zu machen, zu lügen, daß sich die Balken bogen? Kann ein Jahrhundert, welches so wenig Stil und Geschmack hatte, wie keines vor ihm, tatsächlich eine geschmackvolle Werbung entwickeln? Wer Bauwerke der Vergangenheit einfach deswegen niederreißen läßt, weil die Nachbarhäuser zu lange am Tag im Schatten liegen, hat seine Existenz nur noch auf eine Zukunft gesetzt, deren Sinn er nicht kennt. Es hat schon seine tiefe Bedeutung, daß sich die aufsteigende Industriegesellschaft der Kirchen und Klosterbauten, Mauern und Türme der Profanbauten radikal entledigen mußte. Der alte Sinn ist verlorengegangen. Der neue konnte bis in unsere Tage hinein noch nicht gefunden werden.

Werbung ist eine gestalterisch-schöpferische Aufgabe. Es hat ja auch einmal jenen Menschen gegeben, der zum ersten Mal zu schreiben versuchte. Seine Hieroglyphen mögen kraus genug ausgesehen haben.

So weit, so gut. Aber die Schrift wurde immer weiter vervollkommnet, bis sie ihrer Aufgabe gerecht werden konnte. Natürlich ist auch das Instrument Werbung fortwährend verbessert worden. Wie es genug Leute gibt, die nicht schreiben können, gibt es auch genug von denen, die Werbung weder verstehen noch anwenden können. Doch ganz im Gegensatz zu den Schriftunkundigen werben sie heftig und voll der Überzeugung, daß alles, was sie da tun, richtig und großartig ist.

Noch etwas will bedacht sein: In der Welt der Wirtschaft wird zwar in allererster Linie für Waren und Dienstleistungen geworben. Aber dahinter stehen Menschen, immer wieder Menschen. Der werbende Unternehmer wirbt für sich selbst, indem er seiner Ware einen stets wachsenden personenhaften Charakter zu geben versucht. Gerade in der Gegenwart wird viel Scharfsinn darauf verwendet, ein Warenbild – noch mehr, ein Firmenbild – aufzubauen. Je weiter das Erzeugnis oder die Leistung von der Sphäre der Markierung entfernt ist, desto stärker tritt das personenhafte Element in den Vordergrund. Der Mensch wirbt in seiner Leistung für sich selbst. Die Art und Weise der Werbung spiegelt den Mann wider, der sie macht, entscheidend beeinflußt oder gestalten läßt.

Oft genug ist es einfach die bittere Notwendigkeit, für die Person zu werben. Es geht gar nicht mehr in erster Linie um den Narzißmus, dem fast jeder Mensch unterliegt, der auf irgendeine Weise in der Öffentlichkeit steht. Die Leistung ist eine einmalige, sie ist untrennbar mit einer einzigen Person verbunden, die so nur einmal existiert. Die Leistung kann groß oder klein sein. Schauspieler, Sänger, Politiker, Dichter, Artisten müssen für sich werben, indem sie auf die Besonderheiten der nur ihnen eigentümlichen Leistungen hinweisen. Nun ließe sich gewiß vieles über die heutige Werbung der Filmstars und solcher, die es gar zu gern werden möchten, aussagen. Aber die Feder sträubt sich energisch. Eine wichtige Feststellung ist aber notwendig: Menschen solcher Provenienz dürfen sich die abstraktesten Geschichten leisten, so wird die Menge Beifall heulen und keineswegs von dem »großen Unbehagen« ergriffen werden. Sie dürfen nicht nur, sondern sie müssen. Und das ist ein gewaltiger Unterschied zur Wirtschaftswerbung. Wie schwer ist es da, noch so für sich zu werben, daß eben der oder die eine aus dem Meer von Reiz und Exzentrik genug herausschaut, um nach oben gehoben zu werden.

Dieses Werben für die eigene Person ist wohl die älteste Form der Werbung. Sie wird auch nie aufhören. Immer wird sie auffällig sein, merkwürdig, lächerlich, grob, skurril. Mit ihr wird die Person »aufgebaut«. Von einem Manager; Impresario sagte man früher. Und damit ist das Ganze eine rechenhafte, wirtschaftliche Erscheinung geworden. Der Mensch aber und die Gruppe, der er zugehört, wie die Beziehungen zu denen, die seine Leistungen honorieren sollen, sind nur von der Art und Struktur der jeweiligen Gesellschaftsform her zu begreifen; nicht zuletzt von ihren Moralregeln. Und diese Merkmale kommen in solchen Bereichen sowohl im Positiven wie im Negativen am stärksten zum Ausdruck.

William Faulkner hat einmal gesagt: »Es ereignet sich nichts Neues. Es sind immer die alten Geschichten, die von immer neuen Menschen erlebt werden.« Sie wiederholen sich aus den angegebenen Gründen nur in immer neuen Variationen.

In den Mitteilungen des Vereins Deutscher Reklamefachleute war im April 1912 zu lesen:

Reklame will verstanden sein, und noch besser als Geschäftsleute verstehen sich auf sie die Schauspieler. In New York ist jüngst eine Französin eingetroffen, die im Wintergarten auftritt. Diese Bühnenkünstlerin, Frl. Faurens, läßt jetzt in den amerikanischen Zeitungen erzählen, daß sie ständig mit nicht weniger als 33 Koffern reise. Nur 15 Koffer sind mit Kleidern gefüllt, und da in jedem Koffer nur drei Kostüme untergebracht werden, ergibt sich, daß sie die bescheidene Anzahl von 45 Kostümen herumschleppt. Vier Koffer enthalten ihre Wäsche, vier Koffer sind mit Hüten gefüllt, vier enthalten die Halbschuhe – Schuhe oder Stiefel trägt die Dame nicht –, wiederum zwei Koffer enthalten nichts als Korsette. Frl. Claire Faurens trägt jedes Korsett nur ein einziges Mal. Nur ein Koffer enthält Toilettengegenstände, und auch nur einer ist den Strümpfen (Seidenstrümpfen, versteht sich!) gewidmet. Auf die Seidenstrümpfe legt sie besonderes Gewicht. In Frankreich, so behauptet sie, gibt es eine Fabrik, die sich ausschließlich mit der Herstellung von Seidenstrümpfen beschäftigt, ja es gibt auch einen Seidenzüchter, der nur Seidenraupen züchtet, die die Seide liefern, die die Strümpfe bildet, die die zierlichsten Beine, die des Frl. Faurens, umhüllen sollen! Ebenso wichtig fast wie die Strümpfe sind die Schuhe. Wenn diese Schuhe reden könnten! Es sind Schuhe dabei, in denen sie vor König Alfons, vor König Eduard und vor dem Zaren getanzt hat. Schuhe und Strümpfe prangen in allen bekannten Farben: rot, grün, blau, gelb, silbern und goldig, dazu in unbekannten Farben, mit deren Erfindung wieder ein eigener Chemiker beschäftigt ist. Einer der 33 Koffer, der bezeichnenderweise die Nummer 13 trägt, ist besonders geheimnisvoll. Was darin ist, sagt Frl. Faurens nicht. Er hat zwei goldene Schlösser, und die goldenen Schlüssel dazu trägt Frl. Faurens an einer Kette um den Hals. Das Korsett erklärt Frl. Faurens für beinahe das wichtigste Kleidungsstück. Das schönste Kostüm wird durch ein unzweckmäßiges Korsett geradezu vernichtet. Jedes ihrer zarten, weichen, kurzen Korsette ruht in der ihm bestimmten Hülle, zusammengerollt im Koffer und hat auch sein besonderes Parfüm. Korsette dürfen genauso wie Hüte nicht gedrückt werden! Für Juwelen und Kostbarkeiten hat Frl. Faurens zwei Koffer. Der eine ist bis an den Rand gefüllt mit Erinnerungszeichen aus Paris, Petersburg und anderen Hauptstädten, der andere ist leer, wird bei ihrem Aufenthalt in New York, wie sie hofft, wenigstens zum Teil gefüllt werden.

Der sturmerprobte Leser von heute lächelt nachsichtig über diese Geschichte und wundert sich, daß so etwas einmal aufregend für Männer gewesen sein soll. Die Übertreibungen stören ihn nicht. Da ist er ganz anderes gewöhnt. Aber im Grund? Es sind nur Variationen um die alten Geschichten, und neue Menschen. Weil es stets um sie selbst geht, kann auch keiner aus den Fehlern der anderen lernen. Jeder fängt von vorn an, ganz für sich allein. So ist Werbung immer ein Anfang. Und weil Mensch und Ding so untrennbar miteinander verknüpft sind, neigt sie zu jenen Übertreibungen und Lächerlichkeiten, von denen hier die Rede war. Das wird auch noch so weitergehen. Unter dem unausweichlichen Werbezwang wächst die Zahl der Werbungtreibenden und Werbegestaltenden von Tag zu Tag. Auf beiden Seiten werden immer wieder jene Anfänger sein, die bar jeder Sachkenntnis erbarmungswürdig töricht werben. Selbst durch negative Leistung scheint es möglich zu sein, weltbekannt zu werden. Und dabei ist noch gar nicht sicher, ob nicht gerade sie mehr gutwillige, ja begeisterte Empfänger findet als eine ausgereift vorbildliche Leistung. Da müßte man halt gebildet sein. Wie wäre es sonst zu erklären, daß eine neue Waschmittelfirma mit einer Werbung, die den Höhepunkt an Primitivität und Stupidität für sich in Anspruch nehmen kann, einen unbestritten großen Erfolg erreichen konnte. Nur neue Menschen sind am Werk.

Je mehr der Zweck im Vordergrund steht und auf den Sinn verzichtet, desto auffälliger die Variation, desto primitiver die Art.

## Wirkungsvolle Warenhaus-Werbung

Warenhaus-Werbung ist gewiß nicht leicht. Zwar gehört sie in den umfassenderen Begriff der Einzelhandelswerbung, aber sie muß auch ihre besonderen Eigenarten haben, weil sie eben für eine spezielle Absatzform eingesetzt wird. Vielleicht ist keine so stark und so lange angegriffen worden wie die für das Warenhaus. Also war seine Werbung, vor allem in den Kampfzeiten, auch aggressiver als die der Konkurrenten. Doch war sie von den Zeitumständen abhängig wie jede beliebige andere Lebensform. Hat die Werbung der Schauspielerin von 1912 sich recht bewußt an die hintergründige Neugierde ihrer Zeitgenossen gewandt, so bezog sie sich doch ausschließlich auf ihre persönlichen oder ihr angedichteten Eigenschaften, ihren Reichtum, ihre Gewohnheiten, ihre Kleidung, ihre Beziehungen zu bekannten oder berühmten Menschen.

Die Warenhaus-Werbung hat dagegen rein ökonomische Zielsetzungen. Sie benutzt starke Effekte, um die Besonderheit der Warenhaus-Leistung, das Warenangebot, ins rechte Licht zu setzen. Wichtig ist, daß die Leute ins Warenhaus gehen, dann werden sie schon kaufen, weil die Neuartigkeit der Warendarbietung die spontane Kaufwilligkeit recht eindrucksvoll unterstützt. Haus und Darbietung üben einen bis dahin unbekannten Kaufreiz aus. Die Schaufenster locken die Leute an. Aber der Mensch ist das beste Werbemittel. Nicht mehr für sich selbst wirbt er, er wird zur Werbefigur und ist in diesem Sinn eine Sache, ein Mittel unter anderen, eingeordnet in einen Werbe-Zusammenhang. Natürlich spielt die Frau als Werbefigur eine besondere Rolle. Der Vorgang, um den es hier geht, spielte im Jahr 1927. Was sich 1912 in den damaligen Formen abzeichnete, wird jetzt sehr viel deutlicher. Später wird man vom Sex-Appeal in der Werbung sprechen. Er wird nicht mehr aufhören, seine Rolle zu spielen. Er wird nur zunehmend unverblümter eingesetzt, bis keine Sache mehr ohne weibliche Werbefigur angezeigt werden kann, und bis auch die bescheidenste Neugierde keine Möglichkeit zur Betätigung mehr hat. Fortan ergibt sich jenes Gefälle von der gröbsten Reizwirkung bis zur sublimiertesten, jener unvollkommene lächerliche Anfang und die kultivierteste Art der Darstellung. Wiederum lächelt der Mensch der Gegenwart, wenn er von jener Werbefigur eines Berliner

Warenhauses liest (Mitteilungen des Vereins Deutscher Reklamefachleute, März 1927):

Schönheiten als Reklame. Die Szene folgender Episode ist ein Berliner Boulevard. Eine hübsche Dame, sehr modern gekleidet, enger Rock, Lackschuhe mit weißen Schäften, einem Hut, der an Größe und Originalität seinesgleichen sucht, promeniert auf und ab und erregt die Bewunderung der Vorübergehenden. Diese Bewunderung geht in Staunen über, als die Schöne aus ihrem Täschchen nachlässig ein Etui zieht, eine Zigarette herausnimmt, sie kaltblütig in ihr Mündchen steckt und anzündet. Alles war baff. Plötzlich holt sie noch eine entzückende Reitpeitsche hervor. Dann aber geht sie langsam, scheinbar um sich der immer mehr anwachsenden Menge zu entziehen, in einer bestimmten Richtung davon. Selbstverständlich folgen ihr viele. Man spricht davon, daß sie eine reiche Ausländerin sei, der Name einer der ersten russischen Adelsfamilien wird genannt. Da biegt die Angestaunte in eine Seitenstraße ein, macht vor einem großen Warenhaus halt und, noch immer rauchend und ihre Reitpeitsche schwenkend, schickt sie sich an, hineinzugehen. Auf der Schwelle aber bleibt sie plötzlich stehen, wendet sich um und fordert ihre Verfolger in einer zündenden Anrede zum Eintritt auf. Sie war eine Reklameschönheit.

Die elegante Dame ist es, die möglichst viele Menschen anziehen soll. Daß sie sich auch noch eine Zigarette anzündet, läßt sie nur noch aufregender erscheinen. Die Reitpeitsche gibt ihr den Schein einer morbiden Verruchtheit. Sie bändigt ihre Bewunderer und zieht sie unwiderstehlich hinter sich her. Das Außergewöhnliche soll eine außergewöhnliche Wirkung hervorrufen. Dann aber wird schnell der Gipfelpunkt erreicht. Am Eingang zu einem Warenhaus fordert sie die Gaffer zum Eintritt auf.

Die Frage wäre wohl jetzt angebracht: Hat jene Reklame-Schönheit die ihr übertragene Aufgabe auch erfolgreich gelöst? Ober bleiben nicht lauter Enttäuschte hinter ihr zurück? Wie dem auch immer sei, die Werbefigur ist geblieben und tritt auch immer wieder als lebendiger Mensch auf. Und wenn das Mannequin die hochgezüchtetste Erscheinungsform ist – an der Sache hat sich nichts geändert. Das Mannequin ist nichts für sich allein. Mag es noch so viele Menschen anziehen, so ist es in Ausübung seines Berufes nichts als eine Sache; eben eine Werbefigur.

## Markenartikel-Werbung

Wenn von Verbraucherwerbung die Rede ist, wird ohne viel Nachdenken den Schöpfern des Markenartikels das Erstgeburtsrecht zugesprochen. Das stimmt auch. Ich habe in langer Beschäftigung mit der Geschichte der Werbung nichts anderes herausgebracht. Aber ebenso selbstverständlich wird geschrieben und gesagt, daß August Lingner und seine Generation die Verbraucherwerbung zwar nicht als erste eingeführt, aber doch in einem Umfang und mit einer Intensität praktiziert hätten, daß sie im Zusammenwirken mit den anderen Instrumenten zu einem wesentlichen und unabdingbaren Bestandteil der Absatzmethode Markenartikel geworden sei. Damit sei die Werbung sichtbar für die ganze Öffentlichkeit in Erscheinung getreten. Sie trat in die erste große Entfaltungsepoche ein, wenn man die Zeit seit dem Beginn der Industrialisierung als die Anfänge bezeichnet und die zwanziger Jahre als die zweite, die Jahre seit der Währungsreform aber als die Epoche der vollen Entfaltung.

Der Gedanke könnte naheliegen, daß entsprechend der früheren Industrialisierung in England dort auch die Werbung früher einsetzte und sich schnell entwickeln konnte. Dort war bereits in den siebziger Jahren T. J. Barratt als Werber für Pears-Seife tätig. Er hat in einem bis dahin nicht gekannten Umfang Verbraucherwerbung betrieben und seine Seife zu einem ganz großen Markenartikel entwickelt. Leider ist von Barratt im deutschen Schrifttum nur selten die Rede, so daß sein Wirken und sein Anteil an der Entfaltung von Werbung und Markenartikel weithin unbekannt geblieben sind. Redlich notiert Barratt in seinem immer noch wichtigen Buch ›Reklame. Begriff – Geschichte – Theorie‹ (Stuttgart 1935) karg, aber es wird deutlich, wer und was dieser Mann war.

In den ›Mitteilungen des Vereins Deutscher Reklamefachleute‹ (Mai 1914) wird auf Barratt aufmerksam gemacht. Offenbar ging es dabei in der Hauptsache um das Außerordentliche, auch das Anekdotische:

T. J. hat es als der erste Geschäftsmann in den siebziger Jahren versucht, im größten Stil und in einer damals noch unbekannten Weise Geschäftsreklame zu machen und damit in kurzer Zeit so gewaltige Erfolge erzielt, daß seine Methode überall Nachahmer fand. Durch ihn sind in England die Reklamemittel der Pears-Seife geradezu sprichwörtlich geworden. Das Haus Pears war damals die älteste Seifenfabrik Englands, aber trotzdem ein Unternehmen von sehr bescheidenem Umfang. In den achtzig Jahren ihres Bestehens hatte die Firma alles in allem kaum 10 000 Mark für Reklame aufgewandt, ihr ganzes Kapital betrug kaum 140 000 Mark. Von Anfang an arbeitete Barratt nun darauf hin, in großem Stile Reklame zu machen. Er unternahm Versuche, die damals als unerhört galten, entwarf Rieseninserate, die wochenlang ständig in allen großen Londoner Morgenblättern erschienen, er fand Schlagworte, verstand es stets, die Alltäglichkeit des Lebens in den Dienst seiner Ziele zu stellen und erntete von Anfang an unerwartete Riesenerfolge. Eine Zeitlang ließ er beispielsweise in sämtlichen Londoner Blättern ein großes, zweispaltiges Inserat erscheinen, das immer nur die Worte ›Guten Morgen, haben Sie Pears-Seife benutzt?‹ enthielt. Niemand konnte diesem Morgengruß entgehen, welches Blatt man auch aufschlug, überall leuchtete einem der gleiche Gruß und die gleiche Frage entgegen, so daß man in London eine Zeitlang kaum noch guten Morgen zu sagen wagte, weil der andere mechanisch erwiderte: ›Haben Sie Pears Seife benutzt?‹ Als erster suchte Barratt die Kunst der Reklame dienstbar zu machen. Er kaufte Millais' Gemälde ›Bubbles‹ für 44 000 Mark und ließ nun Millionen von Reproduktionen herstellen. Seit seiner Geschäftsführung soll Barratt über 30 Millionen Mark für die Reklame der Pears-Seife ausgegeben haben. Dafür ist die Firma, die früher nur 140 000 Mark Kapital besaß, heute ein Unternehmen mit einem Kapital von weit über 16 Millionen. Pears' Reklame aber ist weltberühmt geworden, und nicht umsonst sagte einst Gladstone im Parlament in zorniger Debatte: ›Ich gebe nicht nach, und wenn Ihre Anträge auch noch so unendlich werden wie die Inserate von Pears-Seife!‹ Das war ein Ehrentag im Leben Barratts, und er konnte sich schmunzelnd die Hände reiben: es war ja eine große und unerhört billige Reklame.

Es soll hier beileibe nicht behauptet werden, Barratt habe den Slogan erfunden. Aber er hat zu einem sehr frühen Zeitpunkt exemplarisch bewiesen, was mit dessen konsequenter Anwendung erreicht werden kann. Guten Morgen, haben Sie Pears-Seife benutzt? Heute und morgen und wieder benutzt? Jedermann lernt die Seife kennen. Selbst der englische

Premier Gladstone zitiert sie im Unterhaus. Wie lange hat die deutsche Werbung eigentlich gebraucht, bis sie den Slogan in den Dienst ihrer Aufgabe stellte? Und wie viele Menschen bleiben konsequent bei ihrem Slogan? Wie viele dagegen sehen in sich einander ablösenden Slogans ihr Heil? Kein Wunder, daß sich vor einigen Jahren die Bewohner einer mittleren Stadt in der überwiegenden Mehrzahl erinnerten, einen Slogan in der Zeitung gelesen zu haben, der schon seit einer Reihe von Jahren nicht mehr im Gebrauch war. Die tatsächlich in den Anzeigen verwendeten Slogans waren von den Lesern gar nicht aufgenommen worden.

## Die verzauberte Marke

*Unter diesem Titel hat der nun auch schon dahingegangene Werner Suhr einen Wirtschaftsroman geschrieben, der an alte Traditionen knüpfte (1961).*

Ob der Titel den Inhalt ganz genau trifft, muß dahingestellt bleiben. Aber zunächst muß noch auf ein zweites Buch des gleichen Verfassers hingewiesen werden: »Markenartikel – Trumpf auf allen Märkten. Hinter den Kulissen bedeutender Markenartikel.« (1961) Leicht könnte die Frage gestellt werden, ob zwei Bücher, die als Roman und als Darstellung nüchterner Fakten einander doch sehr wesensfremd sein müssen, in einem Atemzug genannt und sogar miteinander verglichen werden können. Sie haben nicht nur den gleichen thematischen Mittelpunkt und den gleichen Verfasser. Ihr geheimer Zusammenhang besteht auch oft genug darin, daß dem Romancier der Wirtschaftsschriftsteller über die Schultern gesehen hat. So fällt es dem Berichterstatter sehr stark auf, daß dort, wo der erfahrene Vater dem Sohn die notwendige Preisbindung für seinen Markenartikel erklärt, das Büro zum Hörsaal wird. Das kann kein nur durch die Feuer der Praxis gegangener Mann so einwandfrei systematisch vortragen. Für diese Feststellung spricht auch, daß der farbig lebendige Stil der Erzählung trocken, fast langweilig wird. Der Wirtschaftsschriftsteller gerät ins Dozieren und vergißt vollständig, daß er doch einen Roman schreiben sollte. Das eben ist es, daß er schwer befrachtet ist mit allen Erfahrungen und Einsichten, die er in seinem zweiten hier angezeigten Buch in so verschwenderischer Fülle ausbreitet. Und noch ein weiteres ist nicht ganz unwichtig: der Markenartikel ist die große Liebe des Verfassers. Jawohl, so etwas kann es geben. Der Berichterstatter weiß es sogar ziemlich genau; denn er hat das gleiche an sich selbst erfahren. Weshalb hier höchstens noch die weitere und recht süffisante Frage aufgeworfen werden könnte, ob einer, der der gleichen Liebe huldigt, der Leistung des anderen wirklich kritisch gerecht zu werden vermag. Aber eines ist sicher: Liebe sieht schärfer als Haß. So hat Werner Suhr im Gewande des Romanschreibers sehr genau und sehr zutreffend erklärt, warum der Markenartikel eine so glanzvolle Erscheinung in der modernen Wirtschaft ist und warum der die Preisbindung einfach braucht, wenn er seine Funktionen tatsächlich erfüllen soll. Freilich – jener klassische Markenartikel, den Werner Suhr schildert und den er mit jeder Zeile seines Romans meint. Es wäre gut, wenn dieser Roman von den Vielen gelesen worden wäre, die heute so lauthals zu sagen wissen, daß der preisgebundene Markenartikel nicht dem Interesse des Verbrauchers diene. Der Roman kann und muß auf alle gelehrten Floskeln verzichten. So verkündet er auch kein Dogma. Er erzählt, was einer in einem langen Leben erfahren hat, und der Leser erlebt mit wachsender Spannung mit, daß der Fabrikant sich mit einem Wettbewerb auseinandersetzen muß, der an die Wurzeln seiner Existenz greift. Meisterlich ist dazu erzählt, wie das Instrumentarium der Gestaltung und des Absatzes entwickelt wird. Wie eindringlich ist der Kampf um die Neugestaltung der Packung geschildert. Mit viel Ironie, aber auch Anerkennung wird die Zusammenarbeit mit dem großen Werbeberater bildhaft deutlich gemacht. Hier und an manch anderer Stelle könnte sich der Eindruck aufdrängen, es handele sich um einen Schlüsselroman. Der Berichterstatter glaubt, da und dort durch den Schleier sehen zu können, aber er wird sich hüten, ihn zu lüften. Dort, wo der Verfasser seiner Fabulierlust freien Lauf lassen kann, gelingen ihm großartige Malereien, zeichnet er Menschen aus Fleisch und Blut, denen man im alten Berlin so oft begegnen konnte und von denen einer interessanter als der andere war. Der Roman ist erlebt. So ist er ein Spiegel. Aber da er in vielen Facetten geschliffen ist, kommt die Freude am Fabulieren zu ihrem Recht.

Werner Suhr hat sich an der schweren Kunst des Wirtschaftsromans versucht. H. de Balzac hat in seinem großen »César Birotteau« schon einmal einen Markenartikel-Roman geschrieben, als die Wirtschaft den Markenartikel kaum erahnt hatte. Aus der Fülle heraus hat er geschrieben. Und wahrscheinlich kam es ihm dabei nicht in den Sinn, die Gattung des Wirtschaftsromans zu schaffen. Ähnlich mag es Emile Zola gegangen sein, als er seinen Warenhaus-Roman »Zum Paradies der Damen« schrieb. Denken wir aber an den »Zwiemann« von Carl Haensel (1930) oder an den Amerikaner Cameron Hewley mit seinem Roman »Sie fragen ihre Frauen« (1945), so zeigt sich das Bestreben ganz deutlich, die Wirtschaft zum Helden des Romans zu machen, wie es Wilhelm Vershofen mit seinem »Fenriswolf« schon vor dem ersten Krieg mit so großem Erfolg getan hat. Wenn nun aber Martin Walser in seiner dickleibigen »Halbzeit; (1960) einen Unternehmer, eine Werbeagentur und Vertreter schildert, so spricht aus seiner spritzigen Ironie und Übertreibung der »Zornige junge Mann«. Aus der Anklage wird eine Verzerrung. Damit scheinen die Gegensätze deutlich genug aufgezeigt zu sein. Werner Suhr ging es wahrscheinlich nicht um eine Dichtung, ganz sicher aber nicht um Anklage oder Verteidigung. Die von ihm geschaffenen Menschen haben mit seinen Erfahrungen gelebt und gearbeitet. So gelang es ihm, die Hungrigen nach Brot und Licht, die Erfolgreichen und Gescheiterten so zu zeichnen, wie eben die Menschen von heute sind. Ihre Spielarten hat er in reicher Fülle aufgezeigt, den »Übermenschen« ist er mit Recht aus dem Weg gegangen.

Es soll nicht unterlassen werden, einmal mehr darauf hinzuweisen, dem Wirtschaftsroman mehr ernsthafte Aufmerksamkeit als bisher zu schenken. Als ein Spiegel des Lebens kann er gelegentlich mehr Einsichten vermitteln als dickleibige gelehrte Bücher. Es gibt deren mehr, als es auf den ersten Blick erscheint. Insbesondere ist die amerikanische Literatur reich an ihnen.

Nun braucht über das andere Buch »Markenartikel – Trumpf auf allen Märkten« nicht mehr sehr viel gesagt zu werden. Der Roman spiegelt wider, was der erfahrene Beobachter in geduldiger Arbeit und kritischer Betrachtung erlebt hat. Wenn der Leser auch mit der allerletzten Seite fertig ist, bedauert er, daß hier aus einem reichen Wissen die Geschichte einer Waren- und Absatzform und gleichzeitig die Geschichte der Männer, die sie geschaffen haben, am Ende doch nur in Bruchstücken geschrieben wurde. Die Fülle des Materials und auch der Persönlichkeiten hätte den Verfasser erdrückt und die Arbeit unübersehbar umfangreich werden lassen. Es bleibt daher der Wunsch nach biographischen Arbeiten, die sich um einen Mann und die von ihm geschaffenen Markenartikel kümmern. An ihnen würde deutlich werden, daß der Markenartikel in einem entscheidenden Augenblick der wirtschaftlichen Entfaltung geschaffen wurde, daß er wichtige Grundlagen für die Verteilung schuf, die Ware den veränderten Lebensmöglichkeiten- und auch -Gewohnheiten anpaßte und damit auch einen wesentlichen Beitrag zur Verbesserung des Lebensstandards geleistet hat. Hier sei nur auf die

Ausführungen über die Packung hingewiesen. Ohne die Leistungen der Markenartikel-Hersteller ist die Lage der Gegenwart auf diesem Gebiet undenkbar. Es wird eigentlich auf jeder Seite des Buches deutlich, daß das Instrumentarium des Markenartikels nicht willkürlich vermindert oder zurückgeschnitten werden kann. In einer Zeit schwersten Wettbewerbs entstanden, konnte es dem Markenartikel weder damals noch heute möglich sein, den Wettbewerb auch nur zwischen zwei Unternehmungen auszuschalten. Unter dem Einfluß veränderter Verteilungsformen, noch mehr aber veränderter Einkaufsgewohnheiten und einer grundsätzlich anderen Einstellung des Verbrauchers zu Geld und Preis wird sich zeigen, daß der Markenartikel noch eine erstaunliche Zukunft vor sich hat. Damit hat man sich freilich in den wirtschaftspolitischen Auseinandersetzungen des Tages noch kaum beschäftigt. Das Buch von Werner Suhr hätte dazu wichtige Beiträge liefern können.

Recht deutlich wird auch, je mehr man sich hineinliest, daß der Markenartikel nicht nur als eine besondere Warenform gelten kann, sondern noch viel mehr als ein Absatzsystem begriffen werden muß. So ist es verständlich, daß der Verfasser auch der Markentechnik den ihr gebührenden Raum gegeben hat.

## Kunst und Kitsch in der Werbung

Hans Ludwig Zankl hat dem Thema Kunst, Kitsch und Werbewirkung eine kenntnisreiche Arbeit gewidmet (1966). Die Fragestellung, seit Jahrzehnten aktuell, wird insbesondere in der wachsenden, meist ablehnenden Kritik der Öffentlichkeit seit dem letzten Krieg unüberhörbar diskutiert. Die Antwort des Verfassers ist notwendig eine subjektive. Die wertfreie Antwort steht jenseits von Gut und Böse. Sie verurteilt oder lobt weder Kunst noch Kitsch in der Werbung. Für sie kann es sich nur um die Aufgabe der Unternehmung handeln. Deshalb ist ihr sowohl Kunst als Kitsch recht, wenn sie an der richtigen Stelle einen optimalen Erfolg zu versprechen scheinen. Die Antwort von Zankl ist einfach und klingt den Kritikern der Werbung wahrscheinlich gut in den Ohren: »Die werbende Wirtschaft und besonders der Werbefachmann (haben) nicht nur wirtschaftliche, sondern auch kulturelle Verantwortung zu tragen.« Da haben wir es! Aber wenn wir die Werbung der Gegenwart in Bild und Werbewort ansehen, bleibt von Kunst und kultureller Verantwortung verdammt wenig übrig. Kunst und Kitsch werden als Gegensatzpaar angesehen. Aber auf die Werbung bezogen, gibt es noch eine Übersteigerung von Kitsch, die wir schlecht Greuel nennen wollen. Das Schlimme ist, daß sich keiner dieser Begriffe zweifelsfrei abgrenzen läßt. Was für den einen Kitsch ist, das ist für den anderen Kunst – und umgekehrt. Greuel kann für viele eine Augenweide sein. So kommt es zu einem Verständnis nur, wenn »Meisterleistungen« zu allgemeiner Einigung und Anerkennung führen. Ansonsten kann man nur von fortwährenden Überschneidungen und Variationen der Meinungen sprechen. Wir wissen, daß manche Anzeigen oder Plakate keinerlei Beachtung erringen, obgleich ihr künstlerischer Rang von anerkannten Künstlern bescheinigt wird. Aber die Umworbenen sind eben keine Fachleute für Kunst. Wenn man sie aber als Banausen bezeichnen wollte, so könnte das leicht den Werbezweck vereiteln. Soll also der Kunstsachverständige in der Werbung überhaupt zu Wort kommen? Es ist nützlich, dazu die Stimme von Curt Hohoff zu hören (Wofür ist Kunst verantwortlich?

Radius, Stuttgart März 1968): »Soweit Kunst die Verbindung mit Propaganda und Reklame eingeht, verliert sie die eigene Verantwortung. Die Grenze zu sehen, ist für den Künstler als Individuum oft sehr schwer, und die gewaltigen Irrtümer einer Kunst, die mehr christlich als künstlerisch sein wollte, sind ebenso bekannt wie das Elend der Künste in Diktaturen, wenn sie sich einem politischen Gesetz und der Propaganda unterwerfen, ob es Blut und Boden oder sozialistischer Realismus sind. Die Verwechslung von Kunst und Propaganda ist ebenso alt wie die von Kunst und Dekoration. Alle unsere Prediger vom Engagement der Kunst haben hier ihren blinden Fleck.«

Der Verfasser packt sein Thema mit der Frage nach dem Wesen der Kunst an. Zu einer Definition kommt er so wenig wie der von ihm zitierte Albrecht Dürer. Der sagte: »Die Schönheit, was das ist, das weiß ich nicht.« Sein anderer Zeuge Romano Guardini sagt aus: »Zum Wesen des Kunstwerkes gehört, daß es wohl Sinn hat, aber keinen Zweck.« Das Kunstwerk in der Werbung hat aber einen eindeutigen Zweck. In unserer chaotischen Gegenwart wird ›Moderne Kunst‹ von Ungezählten als Kunstwerk bewertet, von vielen anderen enthusiastisch gefeiert, weil sie eben als modern angesehen werden wollen, ohne doch mit der Moderne etwas anfangen zu können. Sie sind sogar so unmodern, daß sie den Jugendstil wieder zum Leben erwecken wollen, den sie selbst vorher als kitschig verdammt haben. Kunst wird vom Verfasser durch Ausdrucksform ersetzt, die für jede Zeit anders ist. Auf dem Weg von der frühen Zeit bis in die Gegenwart wird auf engem Raum eine interessant geschriebene Kunstgeschichte sichtbar. Das wird auch deswegen begrüßt, weil wir schon seit langer Zeit die Forderung vertreten, daß der Werbemann ohne Kunstgeschichte auf die Dauer sein Metier nicht ausüben könne. Zankl gibt schließlich der Meinung Ausdruck: »Die neue Wirklichkeit der modernen Kunst liegt weiten Kreisen der Bevölkerung viel näher, als man annimmt. In vielen Bereichen des täglichen Lebens zeigen sich Ansatzpunkte, die höchst bemerkenswert sind.« Freilich, im folgenden Abschnitt nimmt er von dieser globalen Feststellung vieles wieder zurück. Dies entspricht auch meiner Einsicht. Aber ich werde doch schnell wieder skeptisch, wenn ich den folgenden Satz lese: »Sicher ist es auch Aufgabe der modernen Werbung, die Brücke zur modernen Kunst zu schlagen.« Werbung ist ein privatwirtschaftliches Instrument der Absatzanbahnung. Sie muß – das ist doch unabdingbar – so gestaltet werden, daß sie den erstrebten Erfolg auch erreicht. Wenn die Vorprüfung der Wirksamkeit bestätigt, daß dies mit Hilfe der modernen Kunst geschehen kann, muß sie angewendet werden. Werbung kann aber nicht die Aufgabe eines Kunstpädagogen übernehmen. Welcher Unternehmer wirbt weiter, wenn sich zeigt, daß seine Werbemittel untauglich sind? Damit allerdings wäre dann auch die Frage nach der Verwendung von Kitsch und Greuel beantwortet. Der Dadaist Kurt Schwitters hat zudem bewiesen, daß »schön« und »häßlich« in der Kunst irrelevante Begriffe sind (Wolfgang Rainer: Tendenzen der gegenwärtigen Malerei, Radius, März 1968). So werden »schön« und »häßlich« zu subjektiven Urteilen des einzelnen. Und es ist noch nicht einmal sicher, ob sich nicht hinter einem solchen Urteil das echte verbirgt, dem der Betrachter nur keinen Ausdruck zu geben vermag.

Viel zu wenig ist beachtet worden, daß der moderne Mensch, der so zielbewußt und nüchtern, auch formlos hemdsärmelig auftritt, hintergründig sentimental ist, und daß dies stärker auf die jüngere als die ältere Generation zutrifft. Das sagt aber auch aus, daß Kitsch eine Art Symbol für dieses Verhalten ist. Hier ist eine Hindernisschwelle für den Weg der modernen Kunst in der Werbung.

Trotz aller Vorbehalte ist doch bemerkenswert, daß eine kultivierte Werbung auch außerordentlich wirksam ist. Das Werbewort als Kunstwerk der deutschen Sprache wird wirksam und bildend zugleich sein. Freilich sind die erschreckend vielen Leerformeln und künstlichen Wortgemetzel ihr ärgster Feind. Anzeigen als Kulturgeschichte, gegenständlich gezeichnet, gemalt – vom Künstler mit dem Auge des Künstlers –, konnte Jahrzehnte hindurch mit nicht nachlassendem Erfolg in deutschen Zeitungen und Zeitschriften gebracht werden. In amerikanischen Zeitschriften habe ich eine Anzeigenserie entdeckt: »Sternstunden der Medizin« (nach eigens für diesen Zweck geschaffenen Gemälden im Stile des Manierismus). Ganz offenbar sind sie von den Beschauern als Kunstwerke verstanden worden. Der Gegenstand der Anzeige hat sicher das Wissen des Lesers erweitert, die Art der Darstellung wirkte positiv auf seinen Geschmack, wenn der Stil auch aus der Vergangenheit genommen war. Aber der »Blaue Knabe« von Gainsborough erfreut auch heute noch ungezählte Menschen. Aufdrängen läßt sich dergleichen jedoch nicht. Es wäre also notwendig, die Werbemittel im Zeichen des Kunstwerks vorher auf ihre Wirksamkeit zu untersuchen, wie das doch heute im allgemeinen mit allen Werbemitteln geschieht. »Der Atelierleiter mit seinem Stab an Spezialisten hat sich in den Werbeagenturen allzu sehr auf Kosten der künstlerischen Qualität durchgesetzt.« So ist die Meinung von Zankl, und wir können ihm zustimmen. Aber doch braucht der Satz eine Ergänzung: Der Auftraggeber ist doch auch mit im Spiel. Kommt es ihm nicht auch und oft genug auf das Ausgefallene an, die starke Reizwirkung, den Holzhammer mit dem Noch-nie-Dagewesenen. Will er nicht eine Lautstärke, die den Posaunen von Jericho nur noch die Wirkung eines sanften Windes zukommen läßt? Kunst schreit nicht, doch wächst ihre Wirkung, je länger sie den Weg des Menschen begleitet. Der Zwiespalt zwischen Wirtschaft und Lehramt ist erschütternd groß. Ihre einzelnen Glieder werben für ihre ökonomische Zwecksetzung. Geht davon eine Nebenwirkung aus, die zu besserem Geschmack und zu schönem Verständnis für künstlerische Gestalt aus, als dem »Abglanz des Wahren«, so kann das nur in hohem Maße begrüßt werden. Es ist ja durchaus nicht gesagt, daß der faustdicke »Gag« (welch schauerliche Leerformel der Werbung!) die höchste Werbewirkung hat. Aber wenn bei einer Vorprüfung von Werbemitteln der Befragte nur zwischen »Gags« wählen kann, so kommt doch ein »Gag« zum Ziel. Schließlich kommt es auf das Objekt an, für das geworben wird. So weist Zankl darauf hin, daß es sehr auf Qualität und Form ankomme. Je höher diese angesetzt werden, desto mehr Möglichkeiten sind der »Kunst in der Werbung« gegeben, ja, Plakat oder Anzeige kann zu einem Kunstwerk an sich werden, losgelöst von ihrer werblichen Zweckbestimmung. Vielleicht mag dafür als ein Beweis gesehen werden, daß solche Werbemittel schon seit langem Eingang in Museen gefunden haben.

Wenn sich der Verfasser aber nun dem »Kitsch« zuwendet, so kommt es wohl zu ähnlichen Fragestellungen, wie sie bei der Abhandlung über »Kunst« aufgetaucht sind.

Alle Zitate, die beigebracht werden, können mit dem Kitsch nicht zurechtkommen. Auch wenn Zankl die Behauptung fast zu einem Lehrsatz werden läßt: »Die Verwendung von Kitsch in der Werbung widerspricht einfach der schlichten Forderung nach ›Wahrheit in der Werbung‹«, so ist damit nichts gewonnen. Natürlich, durch Werbung mit Kitsch wird eine unbestimmte Zahl von Menschen abgestoßen, eine ebenso unbestimmte aber wird sich sogar recht gern ansprechen lassen. Wie oft schon haben Preisgerichte Plakate mit hohem Kunstwert ausgezeichnet, und doch hat der Werbende auf den Kitsch zurückgreifen müssen, weil er mit dem großartigen, auch von ihm anerkannten, keinen Erfolg erzielen konnte. Kitsch kann man auch als die schlechte Kopie der Kunst ansehen. Wenn er sentimentale Gefühle hervorruft, so ist es vielleicht gerade diese Eigenschaft, die den sentimentalen Menschen stark anspricht. Die Frage scheint nicht ganz unberechtigt zu sein, ob nicht mehr Gefühl sentimentaler Art in unserer modernen und nüchternen Welt verbreitet ist, als wir ahnen. Soziologie und Psychologie müßten das schon längst untersuchen. »Über den Geschmack läßt sich nicht streiten« – dieses oft gebrauchte Wort drängt sich auch hier auf. Es hat einmal eine Zeit gegeben, in der Eduard Grützners Bilder, die so oft zechende Mönche, Bruder Kellermeister u. ä. zum Gegenstand hatten, als Kunst gepriesen wurden und hoch im Kurs standen. Davon ist heute nicht mehr die Rede, aber doch werden sie gesucht und von den zahlreichen Liebhabern teuer bezahlt. Dabei stehen sie nicht höher als die zahlreichen Jagdbilder mit röhrenden Hirschen und trefflichen Wildschützen. Der Weg von Kunst zu Kitsch ist nicht weit, und eine saubere Grenzziehung läßt sich nicht vornehmen. So läßt ein anderer Satz von Zankl auch die Resignation erkennen: »Wir können den Kitsch nicht ausrotten. Aber wir können damit fertig werden, jeder für sich, indem wir selbst ihn nicht verwenden und ihn bei anderen nur soweit dulden wie alle übrige Unvollkommenheit in der Welt.« Es bleibt also nur eine moralische Forderung. Sie hängt uns im Ohr. Wie oft will ihr der Handelnde nachkommen und muß am Ende doch davon absehen, weil er ganz einfach unter ökonomischen Zwängen steht. Aber wäre es nur mit Kunst und Kitsch getan. Es gibt doch auch Werbewerke, die so grausam sind, daß man sie nur als elendes Machwerk bezeichnen kann. Vielleicht ist niemand mit ihnen einverstanden, nicht einmal die Gestalter selbst. Und doch – und doch! Aber Zankl wird nachsichtig, ja, tolerant. Vielleicht hat er auch Mitleid mit den Kitschanhängern, die aus einer Umwelt kommen, in der man Kunst nicht oder noch nicht verstehen kann. Zwar hat er keine große Hoffnung, den Kitsch überwinden zu können. Aber er sieht eben eine Bildungsaufgabe: »... niemand entbindet uns von unserer Verantwortung für das Echte und Wertvolle in Wort und Bild.« Auch wir empfinden diese Verantwortung sehr stark – für unsere Bildungseinrichtungen. Das ist der rechte Ort, und dort kann das Bildungsanliegen ungeteilt und ungehindert zu Wort kommen. Werbung aber ist eben eine privatwirtschaftliche Einrichtung, und deshalb ist sie zwischen Kunst und Kitsch hin und her gerissen. Damit wir nicht mißverstanden werden: Sowohl Kunst als Kitsch können den erstrebsamen Erfolg erzielen – ein jedes an seinem Ort. Auch uns wäre es lieber, wenn der Kitsch getötet werden könnte. Umwelteinflüsse können stark auf die Geschmacksbildung einwirken. Natürlich gibt es »die Masse«. Aber in ihr bewegt sich der einzelne, und seine Eigentümlichkeiten sind oft recht stark spürbar. Wir wagen es, vorsichtig zu sagen, daß Geschmack, Hinneigung zu Kunst oder Kitsch, sehr differenzierte Wurzeln in der Psyche des einzelnen haben. Es erhebt sich auch die Frage, die wir nicht zu beantworten vermögen, ob es nicht ein Geschmacksgefälle gibt, und zwar dergestalt, daß eine geschmackliche Grundkomponente von der vorangegangenen Generation übernommen wird. Wir würden dann von Traditionalismus sprechen. Es könnte dazu aber auch noch sein, daß Jugendbegegnungen in Häusern »gehobenen« Geschmacks den Ansporn dazu geben, ihn später einmal zu adaptieren, wenn es gelungen ist, selber Angehöriger einer bewunderten Schicht zu werden. Freilich – auch diese hat sich geändert und gehört jetzt zu denen, die wissen, was Kunst ist. Allerdings wäre damit nicht allzu viel gewonnen, denn jene Bewegung von unten nach oben ginge fortwährend vor sich. Ein Unternehmer, der künstlerisch gestaltete Erzeugnisse von hoher Qualität auf den Markt brachte, gefragt, warum er daneben soviel Kitsch verkaufe, antwortete: weil er sonst seine schönen Sachen, an denen sein ganzes Herz hinge, nicht absetzen könne.

Wir wollen uns nicht mit Kitsch im Wort auch noch beschäftigen. Nur eine kleine Anmerkung sei gestattet. Hedwig Courths-Mahler, die Unsterbliche, wird auch von Zankl zitiert. Ihre unzähligen Romane gehören ganz gewiß nicht zur großen Literatur. Aber warum eigentlich erleben sie noch heute eine Auflage nach der anderen? Eines ist denkwürdig: Immer wird das Gute belohnt und das Böse bestraft! Die Welt ist in Ordnung und am Ende schön. Und das liest der Mensch der Gegenwart! Und ihm wird doch Literatur geboten, die im Gewande der Kunst einhergeht, und ... Nein, jetzt würde ich subjektiv urteilen, und ich bin doch kein Leser der Courths-Mahler. Aber der Satz »Unser Mitleid aber gehört denen, die das für wahr nehmen« ist für uns doch recht problematisch. Gegen einen weiteren aber müssen wir uns zur Wehr setzen. »... daß auch Zuhälter und Straßenräuber erfolgreich sein können. Damit sollte deutlich gemacht werden, daß der Erfolg allein nicht unbedingt der Maßstab sein kann.« Doch die Unternehmung muß den Erfolg anstreben. Wenn sie Erfolg hat, wird sie künstlerischen, karitativen Bildungs-Einrichtungen ihre hilfreiche Hand leihen. Je weniger Erfolg sie hat, desto karger wird ihre Beteiligung sein. Wer könnte etwas dawider sagen? Und doch können wir mit dem Verfasser aussprechen, »... daß Werbung auf die Dauer nur dann Aussicht auf Erfolg hat, wenn ihr von allen Seiten her Vertrauen geschenkt« wird. Aber Erziehung zu Kunstverständnis kann dieses Ziel nicht oder nicht allein erreichen.

Der dritte Teil der Arbeit steht nach unserer Meinung nur noch in einem losen Zusammenhang mit den beiden ersten Teilen, die nicht voneinander zu trennen sind. Nun aber wird eigentlich eine Ethik des Werbefachmanns vorgetragen. Wie sich der Verfasser in den ersten Teilen fast in jeder Zeile engagiert hat, so wird dieses Beteiligtsein mit Herz und Verstand in dem »Bekenntnis zur Werbung« zu einer begeisterten Laudatio. Natürlich, mit seinen Forderungen steht er keineswegs allein. Soweit es der glänzende Stil zuläßt, öffnet sich immer wieder die Durchsicht zu nüchternen Sachverhalten. So bezeichnet er es als verhängnisvoll, wenn die Werbung »ihren Zusammenhang mit den betriebswirtschaftlichen Gesamtvorgängen verliert«. Wie überhaupt die kritischen Bemerkungen (insbesondere S. 227 bis 234) Beachtung verdienen.

Im ganzen: ein schönes Buch, ein höchst parteiisches Buch für eine gute Sache, ein mahnendes und ein kritisches Buch, und damit zuletzt ein persönliches Bekenntnis. Je länger ich las, desto mehr wurde mir bewußt: ein Kämpfer gegen seine Zeit, oder ein Mann, der die Geleise für das Kommende legen möchte, der aber vorher viele Unebenheiten beseitigen muß. Wer könnte sagen, daß dies unmöglich sei? Kunst, Wirtschaft und Werbung werden nicht die gleichen bleiben. Immer wieder werden sie verbrennen, was sie angebetet haben, und werden aufrichten, was sie vorher nicht wollten. So wird ihnen auch schön erscheinen, was sie ablehnten. Es ist die große Hoffnung der Kommenden.

## Das berühmteste Inserat der Welt

Die Überschrift schon könnte uns ein nachsichtiges Lächeln entlocken. Das berühmteste Inserat der Welt läßt sich zweifellos so wenig feststellen wie das schönste Mädchen der Welt, obwohl doch jedes Jahr die Schönheitskönigin von neuem gekürt wird. Sagen wir also, das berühmteste Inserat ist sehr vielen Lesern aufgefallen, angenehm noch dazu. So ist es, sicher zur Freude des Inserenten, schnell weiterverbreitet worden und erlangte damit einen hohen Grad von Publizität. Nach einer Mitteilung von Scherls Informationen (Berlin, Januar 1936) wurde die Anzeige im Jahre 1911 in der Zeitschrift »Munseys Magazine« veröffentlicht. Sie bezog sich auf die Aufstellung einer neuen Rotationsdruckpresse. In Amerika erweckte sie alsbald einen wahren Begeisterungssturm und wurde innerhalb eines Monats von über zweitausend Zeitungen mit Kommentar, lobenden Erwähnungen usw. nachgedruckt. Sein Wortlaut entfesselte den »I-am-Stil« im Journalismus. Der Text war ganz sicherlich ungewöhnlich. Wie eine Fanfare klingend, enthielt er sich jedoch jeder Übertreibung, die in Amerika zum Alltag der Werbung gehört. War dieser Text altmodisch, das Mitleid der »Progressisten« herausfordernd, oder führte ihn die Andersartigkeit oder eben das Neue schlechthin zum Erfolg? Aber lesen wir erst einmal den Text. Dazu wird dann gewiß einiges zu sagen sein.

»Ich bin die Rotationsdruckpresse, geboren von der Mutter Erde. Mein Herz ist von Stahl, meine Glieder sind von Eisen, meine Finger von Erz. Ich singe die Gesänge der Welt, die Oratorien der Geschichte, die Sinfonien aller Zeiten. Ich bin die Stimme von heute, der Herold von morgen. Ich füge in die Kette der Vergangenheit das Gewebe der Zukunft. Ich erzähle die Geschichte des Friedens sowie des Krieges. Ich mache die Menschenherzen schlagen mit Leidenschaft oder Zärtlichkeit. Ich bewege die Pulse der Nationen. Ich rege die braven Menschen an zu braveren Taten. Ich bin das Lachen und Weinen der Welt, und ich werde nicht vergehen, bis alle Dinge zurückkehren zum unwandelbaren Staub. Ich bin die Rotationsdruckpresse!«

Überlegen wir einen Augenblick: Diese Anzeige ist im Jahre 1911 erschienen. Das ist jene Zeit, über deren Werbung sich nicht viel Rühmenswertes sagen läßt. Der Stil des Marktschreiers war der allgemeine, die unglaubliche Übertreibung durchaus nichts Besonderes. Der Berliner Humorist Reuter hat wohl nicht mit Unrecht gesungen: »Zwei Fuß hoch und drei verquer, wenn das nichts hilft, hilft gar nichts mehr.« Nur wenige eindrucksvolle Beispiele guter Werbung, insbesondere aus dem Bereich der Markenartikelwirtschaft, stehen dagegen. Das hochtrabende Wort im Text, der oft genug lächerlich war, gab den Ton an. Wenn für die Werbung jener Jahre immer noch fast entschuldigend ins Feld geführt werden konnte, daß sie eben erst dabei war, aus den Kinderschuhen herauszuwachsen, so kann für schlechte Werbung kaum noch unsere mitleidige Nachsicht erwartet oder gar in Anspruch genommen werden.

Die Werbung der Jahrhundertwende war deswegen noch kein allgemein verwendetes Instrument des Wettbewerbs, weil dieser auf anderen Ebenen ausgetragen wurde. Sie kündigte an und lobte die Ware über den Schellenkönig. Jedoch bediente sich die Mehrzahl der Fabrikanten ihrer nicht. Die Einzelwerbung hatte dann auch die größere Aufmerksamkeit für sich als heute. Daß seitdem die Werbemittel umfangreicher und größer wurden, in zeitlicher und räumlicher Einsicht immer intensiver, beweist nur, daß unter der Fülle werblicher Ankündigungen der Aufmerksamkeitswert durchaus nicht gesteigert werden konnte.

Trotzdem, die Anzeigenteile der Zeitungen, die nur selten größere Anzeigen – beileibe keine ganzseitigen – aufzuweisen hatten, wirkten in Größe und Text ermüdend. So mußte eine Anzeige wie die, von der hier die Rede ist, allen Lesern auffallen. Der Verfasser des Textes hätte den Raum, der ihm gegeben war, auch mit technischen Daten und Beschreibungen leicht ausfüllen können. Statt dessen hat er in gepflegter Sprache, fast von dichterischer Schönheit, den Inhalt aller Nachrichten genannt, die der Mensch sucht, weil er sich erheben, informieren, belehren lassen will. Die »comédie humaine; soll immer wieder vor ihm lebendig werden. Seine Phantasie blüht auf und führt ihn in das brausende Leben an allen Enden der Welt. Wie von Zauberhand werden die Worte lebendig. Und in der letzten Zeile sagt sie, die das alles kann: »Ich bin die Rotationsdruckpresse.«

Der Text war ungewöhnlich. Nichts Ähnliches an Anzeigen konnte ihm gegenübergestellt werden. So war der Erfolg bei ihm. Und es war nur eine Textanzeige. Darauf soll an dieser Stelle ein besonderer Wert gelegt werden, weil es so scheint, als würde einer modernen Textgestaltung in der modernen Werbung wieder zunehmend mehr Wert zugemessen werden, als dies noch vor verhältnismäßig kurzer Zeit der Fall gewesen ist. So werden werbliche Kunstworte, die den Lachmuskeln sicherlich gute Dienste leisten, merklich weniger verwendet. Wesentlich aber ist, daß sich daraus ein Werbestil besonderer Art entwickeln läßt. Je nach Nam' und Art läßt er sich zu eindringlichen Aussagen abwandeln. Er kann für sich allein stehen oder zum wichtigen Teil einer Bild-Wort-Anzeige werden.

Sind wir nicht totgepredigt im buchstäblichen Sinne des Wortes? Heilige Worte und Deklamationen, Worte der Liebe und der Klage, Heiliges und Unheiliges sind zu leeren Formeln geworden, die weder Herz und Gemüt noch auch den Verstand berühren. Sie gehen an uns vorüber, als wären sie nicht gesprochen oder geschrieben. Jene Werbung, der es doch auf die möglichst sofortige und grobe Reizwerbung ankam, hat an diesem beklagenswerten Zustand einen recht großen Anteil. Darüber habe ich mich ausführlich ausgelassen in meiner Arbeit »Die Macht des Wortes in der Werbung« (Jahrbuch der Absatz- und Verbrauchsforschung 1964, H. 4). Wer das Wort richtig und am rechten Ort anwendet, dem ist viel Macht geworden. Wer kann die echte Sprache der unruhigen Jugend von heute sprechen? In der laufenden Berlinwerbung wird sie angeschlagen. Die am Schreibtisch entstandenen und in der Werberetorte gargekochten Jugendworte nach Art der »duften Biene« oder des »steilen Zahnes« vereinigen alt und jung in erschreckter Abwehr.

Wer die Kunst des Textes beherrscht, schafft einen unverkennbaren eigenwilligen Stil. Der verlangt dann auch ganz von selber, daß er öfter als einmal angewendet wird. Stil kann sich nicht fortwährend von heute auf morgen ändern oder sich gar so schnell wie ein Kreisel drehen. Wohl aber ist der Text dann so unverwechselbar wie der gesamte Werbestil eines Unternehmens. Er kann sich in den historisierenden Werbestil genauso gut einpassen wie in den realistischen oder idealisierenden. Es gibt eine ganze Reihe von Stilarten, nicht zu vergessen den ach so beliebten verdeckten oder brutal offenen Sex, von dessen übergroßer Wirksamkeit durchaus nicht alle Fachleute überzeugt sind. Gerade da kommt es nur schwer zu einer Harmonie von Bild und Aussage. Sie können so weit auseinanderklaffen, daß von einer Ergänzung des einen durch das andere keine Rede mehr sein kann. Wie dem auch sei – jeder Stil ist auf die Dauer angelegt, wenn seine Entwicklung einen Wert haben soll. Sie aber verlangt eine fortwährende Verfeinerung und läßt solche Werbung zur einem Charakteristikum erster Ordnung für den Werbenden und sein Erzeugnis werden. Manche Kritiker spielen sich mit der Behauptung auf, daß ein lange angewandter Stil, insbesondere ein historizierender, nur eine Veralterung beweise, über die fleißige Spinnen längst ihre dichten und immer dichter werdenden Netze gesponnen haben. Man tut gut daran, sie nicht aufzuwecken. Von Werbestil und seinen Wirkungen wollen sie nichts wissen, weil sie Angst haben, nicht mehr zur Avantgarde gezählt zu werden. Die will modern um jeden Preis sein, indem sie einen Werbestil oder eine Werbetechnik schon durch eine neue ersetzt, wenn er noch nicht die geringste Wirkung zu erzielen vermochte. Deswegen sind nicht zuletzt die Märkte für Konsumwaren so fiebrig geworden, und auch der Wettbewerb. Was alt ist, muß schlecht sein – und was neu, unbedingt gut, ist eine Losung, die zu primitiv ist, als daß sie ohne weiteres angenommen werden könnte. Aber es muß auch gesagt werden, daß kaum ein Schrifttum über den Werbestil zu verzeichnen ist. Hierüber wären Untersuchungen soziologischer und psychologischer Art notwendig. Der Umfrageforschung würde eine Aufgabe gestellt, um die sie sich annehmen müßte. Weniger Gags und Shocker und dafür mehr Geist und Stil im Sinne der modernen Gesellschaft und besonders der Jugend würden die Werbung große Schritte nach vorwärts machen lassen. Der Text der »schönsten Anzeige der Welt«, der sich doch an Herz, Gemüt und Phantasie wendet, kann heute noch beweisen, was ein echter Text zu leisten vermag. Die Oberflächlichkeit unserer Welt von heute hat für Meistertexter keine Verwendung mehr gehabt. Heute werden sie händeringend wie eine Stecknadel in unendlichen Sandmeeren gesucht.

Daß eine vorbildliche Anzeige so oft kostenlos nachgedruckt wird, ist heute nicht mehr denkbar. Daß sich aber der Gütegrad unserer Werbung nachhaltig durch solche Anstöße steigern läßt, bleibt eine große Hoffnung.

## Von der Mode

Noch Sombart war der Meinung, daß der Unternehmer die Mode mache und diese Macht als einen besonderen »Trick« verwende, seinen Absatz zu steigern. Lange Zeit schien es, als ob dem tatsächlich so wäre. Mancher Unternehmer fühlt sich auch heute noch als Herr der Mode, besonders dann, wenn er erfolgreich ist. Dabei hat nicht einmal Sombart richtig gesehen, obwohl er viel Material zusammengetragen hatte, was für diese Meinung zu sprechen schien. Heute erfährt keinen ernstlichen Widerspruch, wer viele Einflüsse aufzählt, die zur Modebildung führen. Die einfachste Darstellung wäre wohl die, daß die Haute Couture und die modernen Nachrichtenmittel als die großen Meinungsbildner einerseits, wie die Hersteller (Konfektion, Schneider), der Handel und der Verbraucher andererseits zusammenwirken, damit Mode werde, oft ganz anders, als der einzelne sich dies so vorstellt oder auch ablehnt. Es kann daher um kein Diktat gehen, wenn das Wollen der Individualisierung von Jahr zu Jahr stärker wird. Wiederum werden alle Modepartner zu willenlosen Vollstreckern der übermächtigen Einflüsse, die von Strukturwandlungen der Gesellschaft ausgehen, mögen sie von Politik oder dem Kino und Fernsehen ihren Ausgang nehmen, von der Begegnung mit fremden Kulturen oder dem Verlust der eigenen (Sitte, Brauchtum), mag es sich um die endgültige Gleichstellung der Frau, um die Veränderung von Lebensgewohnheiten (Camping, Freizeit, Sport, Reisen) handeln; auch können von der Kunst wie von der Technik Wirkungen ausgehen, die vielleicht noch von den Vorstellungen des Menschen übertroffen werden, der sich anschickt, seinen Planeten zu verlassen, um sich das Weltall untertan zu machen. Der Mensch »außer sich« wird ganz gewiß seine Mode haben, die wir uns heute nicht vorstellen können. Es mag aber auch sein, daß die Mode der tatsächlichen Entwicklung vorausgeht. Ein feinfühliger Couturier vielleicht hat erahnt, was noch nicht sein kann, weil der Mensch noch altem Denken und alten Ordnungen verhaftet ist. 1911 führte Poiret zum ersten Male den Hosenrock vor. Aber sein Mut blieb glücklos. Was er mit aller Vorsicht unternahm, ging zehn

Jahre später wie selbstverständlich über die Modebühne. Aber 1911 kam es zu Volksaufläufen, Moral und Sittlichkeit waren beleidigt, Polizei mußte die Hosenrockdamen schützen. Kläglich verschwand das Kostüm, von dem sich sein Schöpfer soviel versprochen hatte. Der Nürnberger »Fränkische Kurier« berichtete unter dem 24. 3. 1936 über die Attraktion von 1911:

»Nürnberg und der Hosenrock — Eine ›Modetorheit vor 25 Jahren‹.

Auch Nürnberg erlebte sie. Vor 25 Jahren, am 18. März 1911, war es, daß in unseren Straßen der erste Hosenrock losgelassen wurde. Ein hiesiges Modehaus zeigte ihn durch ein Mannequin, das in Begleitung des Dekorateurs der Firma jenen Reklamespaziergang in den Hauptstraßen Nürnbergs, nicht ohne ungeheures Aufsehen zu erregen, ausführte. Viele sahen die Dame in den Pluderhosen, viele aber sahen sie auch nicht, respektive *verhüllten ihre Augen* vor dem frivolen Anblick. Das Ergebnis dieses abenteuerlichen Auftrittes war, daß alle Damen, deren Humpelröcke auch nur hinreichend verdächtig schienen, pluderige Hosenröcke zu sein, belästigt wurden und in Scham davonliefen.

Den ersten Weg, den der Nürnberger Hosenrock nahm, war zum *Café Wittelsbach*. Sofort sammelte sich eine dichte Menschenmenge hinter den beiden Abgesandten des Modehauses an. Und freilich fehlte es auch nicht an mißbilligenden Äußerungen, die sich schließlich in Pfeifen und Johlen Luft machten. Derart schwoll die neugierige und auch empörte Menschenmenge an, daß *zeitweilig* die *Elektrische* sowie die *Autos* zum *Stehen* gebracht wurden. In der Karolinenstraße besuchte die Pluderhose ein Schuhwarengeschäft. Der Andrang der neugierigen Menge vor dem Laden erreichte solche Ausmaße, daß die Modedame mit ihrem Begleiter den Weg ins Freie durch eine verborgene Hintertüre nehmen mußte. Die Nürnberger Schutzmannschaft hingegen hatte alle Hände voll zu tun, die Gaffer wieder zu zerstreuen. Ein Wiederzusammentreffen mit der exotisch kostümierten Dame ergab den gleichen Auftritt. Der Hosenrock mußte schließlich ins Café Kusch (heute Juwelier Merklein) retirieren. Seine Anwesenheit dort erbrachte, ehe man sich's versah, ein vollbesetztes Haus. Später unternahm das Modepaar einen Spaziergang um den Ring, und zwar in demselben Augenblick, als die Schuljugend auf dem Heimweg begriffen war. Der sich nun ergebende Aufruhr und Anlauf zwangen den Hosenrock jedoch unmittelbar zum Rückzug. Wenige Tage nach dem sensationellen Umzug gab es dann noch einmal diesen Auftritt in den Straßen Nürnbergs. Diesmal erstreckte sich der Reklamespaziergang bis zum *Dutzendteich*. Aber auch hier fand der Hosenrock keine sehr freundliche Aufnahme im Nürnberger Publikum. Auch daß der Hosenrock gefilmt wurde, vermochte über das Fatale dieser Modeerscheinung nicht hinwegzutäuschen.«

Aus dem Jahre 1971 sieht sich das alles ein wenig lächerlich an. Aber damals konnte eine Frau kein Herrenkostüm tragen, und wenn es noch so diskret geschnitten war. Sie war noch nicht aus den Bindungen der alten Gesellschaftsordnung entlassen. Natürlich kündigten sich die Wandlungen schon zum Ausgang des alten Jahrhunderts an. Die Frau tritt aus dem Hause heraus – sie wird da und dort berufstätig. Die »Fabrikarbeiterin« tritt in das Blickfeld der Öffentlichkeit. Aber da werden lange genug die Nasen verächtlich gerümpft. Eine Frau kann doch keine Arbeiterin in einer Fabrik sein. Ich höre noch aus meiner frühen Kindheit das Schimpfwort »Fabrikschlitten«. Und doch sind jene Frauen der Vortrupp einer neuen Zeit gewesen. Vorbei war auch die Idylle des Eislaufes oder gar der Schlittenfahrt. Schon konnte die Frau Tennis spielen; aber sie durfte noch nicht die zweckentsprechende Kleidung tragen. Der Fechterin war die sportgerechte Hose erlaubt, wohl weil dieser Sport sich nicht in der Öffentlichkeit abspielte. Aber der Radfahrerin schien der Durchbruch zu glücken. So zweckmäßig der Hosenanzug auch sein mochte, er mußte doch wieder verschwinden. Ein neues Lebensgefühl drängte nach neuen Ausdrucksformen und Gestalten, aber die alte Ordnung trat noch lange nicht ab. Hier ist auch auf die Geschichte der Männerhose zu verweisen. In der burgundischen Zeit tritt sie wohl zum ersten Male auf, aber sie muß zugunsten des überkommenen Kleides wieder zurückweichen. Das wiederholt sich einige Jahrhunderte hindurch, bis endlich in der Renaissance die Hose zur charakteristischen Männerkleidung wird.

Wer die Entstehung von Grundlinien der Mode so betrachtet – eigentlich bleibt keine andere Möglichkeit, sie zu verstehen –, muß dann auch zweifelsfrei sehen, daß solche Entwicklungen nicht gemacht, höchstens verstärkt werden können. Poiret, der mit dem Hosenrock seiner Zeit voraus war, glaubte immer noch, als er 1918/19 die Frauen von den langen Röcken befreite, er könne aus den kurzen wieder lange werden lassen. Damals erlebte er eine der größten Niederlagen seines Lebens. Die Röcke wurden gegen sein Gebot kürzer und noch kürzer. Poiret lebte in der alten Zeit, von dem Wehen der neuen hatte er nichts gespürt.

Kann man also Mode machen? Poiret hat später resigniert ausgesagt: Man muß versuchen, sie zu erraten.

Wiederum zu Beginn unseres Jahrhunderts hat es ein Gralshüter des »Deutschen Namens« als eine Schmach empfunden, daß der »Es-ist-erreicht-Schnurrbart« von so vielen Männern getragen wurde:

> In unserem letzten Jahrzehnt war das widerlichste öffentliche Eingeständnis der inneren Leere die Erscheinung, daß zehntausend deutsche Männer sich plötzlich einen aufwärtsgesträubten Schnurrbart zulegten, wo doch kein einziger auf diesen Einfall gekommen wäre, wenn der Kaiser eine andere Bartform geliebt hätte. Dieses Zeichen schafmäßigen Einhertrappelns durfte als »deutsche Barttracht« durch die Reklametrompeten ausgeblasen werden, und niemand schien das als eine Schmach des deutschen Namens zu empfinden.

Nicht nur, weil der Kaiser eben der Kaiser war, haben so ungezählt viele Männer seine Barttracht übernommen. Sicherlich war er ein weithin sichtbares Leitbild. Der Schnurrbart »Es ist erreicht« war Symbol des Zeitgeistes der letzten Jahrzehnte vor 1914. Er brachte den Optimismus, auch das Selbstbewußtsein, den Glanz, den Anspruch auf Geltung, sogar die Macht zum Ausdruck. Der Reichtum sollte sichtbar werden. Der Bart ließ im Bürger den Soldaten durchscheinen. War er in seiner Uniformität und auch in seiner Starrheit, die kaum Abwandlungen zuließ, nicht selbst ein Stück Uniform? Gewiß hat Kaiser Wilhelm wie selten ein Mensch Geist und Stil seiner Zeit fast in Vollkommenheit gelebt und gezeigt. Hat er das alles aus sich heraus getan? Oder hat sich in ihm seine Zeit manifestiert, es tun müssen, weil er eben der Kaiser war, der erste Mann der Gesellschaft, und der glänzendste? Das Symbol steht über dem Leitbild. Dem Herrscher naht sich das Volk in Ehrfurcht und mit Begeisterung. Der Kaiser gibt seinen Wünschen Ausdruck, läßt zum glanzvollen Bild werden, was von allen realisiert werden will. Der Herrscher wird beherrscht, das Leitbild wird geschaffen von denen, die nicht nachahmen, sondern sich in jenen äußeren Formen selbst erkennen, wiedererkennen wollen.

Der Kaiser-Wilhelm-Bart war mehr als Mode. So konnte er nicht geschaffen und auch nicht außer Kurs gesetzt werden. Er verschwand, als 1918 eine neue Zeit anbrach, die mit einem anderen Lebensgefühl und ganz erstaunlich neuen Ausdrucksformen verbunden war.

Die außerökonomischen Einflüsse auf die Modebildung sind sehr viel stärker, als es auch die Wissenden wahrhaben wollen. Das kann noch an einem weiteren Begebnis recht eindrucksvoll zum Ausdruck gebracht werden. Der Vorfall begab sich ebenfalls in jener Zeit des Umbruchs zwischen 1910 und 1920. Die zu erzählende Geschichte mag recht amüsant sein, aber sie kann doch nicht so vordergründig verstanden werden, wie sie dargestellt ist. Sie wurde von der Schweizer »Textil-Revue« am 31. 7. 52 unter der Überschrift erzählt:

Der 35. Geburtstag des modernen weiblichen Badekostüms.

Man wird es vielleicht nicht glauben – aber es ist tatsächlich nicht mehr als 35 Jahre her, seit die Frauen am Badestrande ungefähr die gleichen Kostüme tragen wie die Männer. Bis zum Jahre 1917 war es selbstverständlich, daß eine Frau im Schwimmbad eines jener komplizierten Kostüme trug, die heute, wenn wir sie abgebildet sehen, unsere Lachmuskeln in Tätigkeit setzen. Im Sommer 1917 kam – natürlich in Amerika! – der Film-Hilfs-Regisseur E. F. Cline auf den gewagten Gedanken, in einer Badeszene eine Anzahl Girls in männlichen Badeanzügen erscheinen zu lassen. Das paradoxe an der Angelegenheit ist nun, daß er nicht etwa die Idee hatte, die Mädchen dadurch reizvoller anzuziehen, sondern daß er vielmehr der Ansicht war, sie würden einen komischen Effekt erzielen. Mit dieser Spekulation hatte er nun allerdings Pech, denn die Girls erregten keinerlei Heiterkeit, sondern vielmehr einen geradezu sensationellen Beifall. Noch niemals hat eine Mode sich so rasch über die ganze Erde verbreitet wie diejenige des »männlichen« Badeanzugs für Frauen – und bestimmt hat sich auch noch nie eine Mode als so »haltbar« erwiesen.

Zunächst könnte gefragt werden, warum denn nicht die Modeschöpfer den neuen Badeanzug gefunden, angeboten und eingeführt haben. Das hätte doch kinderleicht sein müssen! Waren die besagten Girls, die so »komisch« angezogen wurden, als Leitbilder zu verstehen? Der neue Badeanzug hätte sich nicht mit solcher Windeseile durchsetzen können, denn Leitbilder erwachsen nicht von heute auf morgen. Sie brauchen ihre Zeit, bis sie Geltung errungen haben. Das vollzieht sich mit Hilfe der weltumspannenden Kommunikationsmittel von heute ungleich schneller, als dies gestern möglich war. Nicht einmal der Mut zum Außergewöhnlichen war mehr vonnöten, keine moralischen Hindernisse mußten beseitigt werden. Der neue Badeanzug läßt die neue Möglichkeit sehen. Sie wird sofort in Anspruch genommen. Die Girls waren für ein Leitbild ganz sicher nicht repräsentativ genug. Sie waren namenlos, traten auf und verschwanden wieder. So gehört der erstaunliche Vorgang in den geistigen Umbruch jener Jahrzehnte hinein, der den Frauen die Befreiung von langen Bindungen brachte. Damit fiel die starre, unbequeme Kleidung, mußte auch die alte »Badebekleidung« verschwinden. Sie wäre nicht nur ein Widerspruch zur neuen Kleidung, sondern zur neuen Gesellschaft und ihren Verhaltensweisen gewesen. Dazu gehört auch ein Körpergefühl, welches mit dem vergehenden gar nichts mehr gemein haben konnte.

Der Umbruch in allen Bereichen menschlichen und gesellschaftlichen Lebens war von unerhörten Ausmaßen. Es scheint, als stünden wir in einem neuen, der vielleicht noch größere Auswirkungen haben wird.

Nur Begnadete können erfühlen, wie sie sich manifestieren; denn das Problem der Mode ist das einer totalen Lebenserscheinung. Der Mensch will durch die Mode nicht erfahren, wie er war oder ist, sondern wie er sein wird. Deshalb erhebt sich die Frage nach einer weitausgreifenden Modeforschung unüberhörbar.

## Beziehungen zwischen Politik und Mode

Seitdem von Mode die Rede und sie zu einem wichtigen, tragenden Element der Gesellschaft geworden ist, wird auch die Frage gestellt, wer es denn wohl sei, der sie in ewigem Wechsel werden und vergehen läßt. Lange genug ist behauptet und geglaubt worden, daß Mode ein Teil des absatzwirtschaftlichen Instrumentariums der Unternehmung sei und daß eine fortwährende Umsatzsteigerung zu erwarten habe, wer auf diesem Klavier meisterlich zu spielen verstünde. Auch heute hat diese These noch mancherlei Anhänger. Ihr steht die moderne These gegenüber, daß die Mode vom Verbraucher gemacht würde. Die Zahl ihrer Anhänger ist groß und immer noch in raschem Wachstum begriffen. Trotzdem – die eine These ist so einseitig wie die andere. Unternehmer und Verbraucher sind ganz sicher starke und bewirkende Kräfte neben vielen anderen – die uns wahrscheinlich gar nicht alle bekannt sind –, die aber alle als Instrumente, vielleicht gar nur als Ausstrahlungen der Gesellschaft und der von ihr geschaffenen Institutionen zu begreifen sind. Die Gesellschaft kennt kulturelle Einrichtungen oder religiöse, so wie sie ja auch wirtschaftliche geschaffen hat. Sie und viele andere neben ihnen führen zur Bildung von Gruppen und Gemeinschaften mit entsprechenden Anschauungen, Verhaltensregeln, Glaubenssätzen und mehr oder weniger starkem Einfluß auf die öffentliche Meinung und das Verhalten der Gesellschaft. Diese wiederum hat Organisationsformen geschaffen, ohne die sie nicht leben könnte. Die umfassendste läßt sich wohl im Staat sehen, dem die Gesellschaft als Staatsvolk zugehörig ist, und der einzelne als Staatsbürger. Der Staat schafft Einrichtungen wie Wehrmacht oder Polizei oder solche, die für den Verkehr mit anderen Staaten bestimmt sind, er baut andere, die der Fürsorge seiner Staatsbürger dienen. Er soll Schutz gewähren und die materielle Wohlfahrt fördern. Politik, das ist die Aufgabe des Staates, in einem Wort – Innen- und Außenpolitik. Nicht immer sind die Staatsbürger mit dem einverstanden, was ihr Staat tut oder auch nicht tut. Es werden Regierungen gestürzt, Parteien verschwinden, andere steigen auf, Kriege werden geführt – gewonnen oder verloren, Regierungssysteme müssen anderen Platz machen. Die Monarchie stirbt, der totalitäre Staat wächst, die Demokratie breitet sich aus. Alle diese Ereignisse, durch die natürlich die Gesellschaft in ihren Grundfesten erschüttert und neu gestaltet wird, lassen sich wiederum zusammenfassend als Politik bezeichnen. Es bedarf wohl keiner langen Beweisführung, wenn behauptet wird, daß sowohl Kultur, technische Umwälzungen (Atom – Weltraumfahrt) als auch Politik einen nachhaltigen Einfluß auf die Modebildung ausüben. Der einzelne als Glied der Gesellschaft ist allen Einflüssen, die von ihr ausgehen, ausgesetzt. Bleibt er trotz dieser umfassenden Abhängigkeit auch noch ein einzelner, der trotz dessen ein Stück seiner, nur zu ihm gehörenden Eigenart wirksam werden läßt? Auch dies läßt sich nicht verneinen. Es gibt in den Bereichen des Verbrauchs, denen wir auch modische Erzeugnisse zuzählen wollen, mehr individualistische Äußerungen, als es die Vokabel »Massengesellschaft« zulassen möchte.

Ohne Unterlaß versucht der Staat, je nach seiner Erscheinungsform, durch Gesetz, durch Appell an den Staatsbürger, durch Aufruf, Einfluß auf die Mode auszuüben. Er schafft Kleiderordnungen, Uniformen, Dienstanzüge, er will Unterschiede und Belohnungen schaffen, am Ende will er jeden zwingen, der deutschen, englischen, französischen Mode ausschließlich zu folgen. So läßt sich z. B. deutlich beobachten, daß immer wieder versucht wurde, eine deutsche Mode zu schaffen, sei es durch staatliches Dekret oder durch eine massive Beeinflussung der öffentlichen Meinung. Solche Bestrebungen treten meist im Gefolge von Ereignissen ein, die jeden erreichen. Nach den Befreiungskriegen sollte eine deutsche Mode eingeführt werden. Es blieb beim Anlauf. Zuletzt hat auch das nationalsozialistische Regime Versuche, zaghaft nur, unternommen. Die »deutsche Frau« trug »im Dienst« die Uniform, aber dann eben jene Kleidung, die der jeweiligen Weltmode entsprach. Weil die führenden Damen des Regimes darin vorangingen, kam es zu keinerlei Zwangsmaßnahmen. Die deutsche Mode wäre nur die Uniform gewesen. Naturgemäß übte sie auf den Mann eine sehr starke Anziehungskraft aus. Die Zeitung der SS, »Das schwarze Korps« (27. 10. 38), ließ einen bissig-satirischen Kanonenschuß auf die herrschende Damen- und Herrenmode los. In einer vorangegangenen Nummer (13. 10. 38) beschäftigte sie sich wütend-ernst unter der Überschrift »Warnung an die Mode-

Irren« mit dem gleichen Thema. Die Mode wird lächerlich gemacht; aber dies ist ihr immer widerfahren, ohne daß sie dabei Schaden gelitten hätte. Den Modeanhängern wird mit erhobenem Zeigefinger vorgeworfen, daß sie »gegen den Geist der Zeit« verstoßen, gegen den neuen Lebensstil. Mit großem Pathos deklamiert die Zeitung: »Die Mode ist für uns nicht eine wirtschaftsbelebende Angelegenheit, wir sehen in ihr zu allererst eine Ausdrucksmöglichkeit der schöpferischen Kräfte, die zwangsläufig, zeitlich und damit weltanschaulich bedingt sind. Und deshalb legen wir mit allem Nachdruck Verwahrung dagegen ein, daß eine gewisse ebenso nichtskönnerische wie instinktlose, unsichere Modeclique sich allen Ernstes einbildet, sie könne ungestraft den großen, klaren Gestaltungswillen, der überall und auf jedem Gebiet in Deutschland heute langsam sichtbar wird, mit ihrem dritten Aufguß des vorigen Jahrhunderts und an den Haaren herbeigezogenen extravaganten Faxereien trüben.« Ein paar Absätze weiter heißt es dann: »Die Zeit, in der die Mode klassenkämpferischen Charakter trägt – und es gab einen Klassenkampf von oben und von unten –, ist ein für allemal vorüber! Und jeder Versuch, sie künftig wieder zu beleben, könnte Folgen nach sich ziehen, die sich die Verantwortlichen wahrscheinlich nicht erträumen werden. Wenn man gutgemeinte Warnungen nicht hören will, so soll man ruhig so weitermachen, sich aber auch nicht wundern, wenn nach lange vorhergehendem Donner endlich der Blitz einschlägt.« Bei massiven Warnungen ist es geblieben. Unter einem totalitären Regiment, wie es seinesgleichen kaum gegeben hat, blühte die Mode weiter und fürchtete sich vor den erschreckend gewaltigen Machthabern nicht, die doch alle Lebensäußerungen der Menschen nach ihrem Willen formen und leiten wollten. An diesem erstaunlichen Beispiel läßt sich die Wahrheit jener Einsicht ermessen, daß die Mode die mächtigste unter allen Mächten der Welt ist.

Der Turnvater Jahn, im Kriege Lützowscher Jäger, wurde von dem Fürsten de Ligne »der berühmte Deutschthümler« genannt. Er trug die »altdeutsche Tracht« und versuchte, sie populär zu machen. Der Erfolg blieb aus. Gegen nationale Einflüsse, die zu Alleinherrschenden werden wollen, scheint also die Mode immun zu sein. Auch in den ersten Jahren des ersten Krieges (1914/15) kamen zaghafte nationalistische Tendenzen nicht einmal zu Anfangserfolgen. 1931, mitten in der großen Krise, untersuchten Dillenz und Pfister das Problem einer deutschen Mode (Deutsche Mode 1931). Doch sehen sie größere Zusammenhänge zwischen Politik und Mode, so daß es eine nationale Mode eigentlich nicht geben kann: »Die heutige Kleidermode ist ein Ausdruck der politischen Machtverteilung in Europa. Die Herrenkleidung ist englisch, die Damenkleidung französisch; beide halten sich die Waage und sind somit ein kleines Nachbild des europäischen Gleichgewichts. Die Formzusammenhang von Staat, Kultur und Mode ist auch daraus ersichtlich, daß in der Demokratie keine repräsentative Standeskleidung mehr möglich ist. Die vorhandenen Klassenunterschiede ändern nicht die Form, sondern nur die Qualität der Kleidung. Das politische Einheitskleid des Einheitsbürgers ist allgemein verbindlich.« Die politische Demokratisierung führt zur Demokratisierung des Luxus. So läßt die Mode alle Möglichkeiten der Gleichheit zu. Das Einheitskleid wird nur durch ungezählte Kleinigkeiten variiert, in denen Wille und Vorstellung des einzelnen zum Ausdruck kommen dürfen. Doch scheint es, als sei unsere »Gesellschaft im Aufbruch« dabei, das Einheitskleid von sich abzutun.

Die gleichen Verfasser bezeichnen den Frack als »das pseudorepräsentative Gesellschaftskleid des Mannes. Er ist schon deshalb repräsentativ, weil ihn jeder tragen kann. Seine politische Bedeutung besteht darin, daß er die Gleichheit, Freiheit und Brüderlichkeit ausdrückt. Er uniformiert sie zur geschlossenen Einheit, die als Zivil den stattlichen Uniformen des Militärs und der Beamtenschaft gegenübertreten kann.« Der Frack wird also als das Geschöpf eines umstürzenden politischen Ereignisses, eben der großen Französischen Revolution und ihrer politischen Ideale angesehen. Ihre Gewalt war so groß, daß den Tod fürchten mußte, wer ihre Verhaltensregeln nicht annehmen wollte. Sollte dadurch zuerst die Zugehörigkeit zu einer bestimmten Lebensanschauung oder Parteirichtung zum Ausdruck gebracht werden, so zeigte sich doch erst dann, wenn die neue Ordnung sich auf die Dauer durchgesetzt hatte, ob aus dem ursprünglichen Zwang, dem Sich-tarnen-Wollen, ein freiwilliges Aufnehmen der Kleidung erfolgte. Erst dann kann man von Mode sprechen. Der Frack ist seit 1789 in seinen Abwandlungen bis heute als vornehme Gesellschaftskleidung Mode gewesen. Nach dem letzten Krieg hat er trotz aller Restaurationsbemühungen die einstige Bedeutung nicht mehr erlangen können.

Einzelne Kleidungsteile sind als Folge politischer Ereignisse viel zahlreicher zuerst zu symbolhafter Bedeutung gelangt und dann auch Mode geworden. So ist der Hut ursprünglich ein Symbol der Freiheit oder der Herrschaft. Die Römer tragen als Zeichen der Freiheit den Hut. Ihren Sklaven gaben sie bei der Freilassung den Hut. Geßler machte durch den Hut auf der Stange Herrschaft und Gebot sichtbar. Aus dem Zeichen der Freiheit wird dann leicht ein politisches Symbol. In der großen englischen Revolution (1642/49) trugen die Puritaner Cromwells den großen schmucklosen Rundhut, die Anhänger des Königs aber den großen prächtigen Federhut. Der Puritaner war streng gekleidet, der Royalist aber trug das seidene Luxusgewand des Barock und Rokoko. Viel stärker noch werden die symbolgeladenen Gegensätze in der Französischen Revolution (1789/92). »Der Aristokrat in der seidenen Kniehose mit dem zierlich gefälteten Jabot und dem Dreispitz unter dem Arm wollte mit dem ungepflegten Revolutionsmann in der langen Knöchelhose, mit dem derben Knotenstock in der Hand und dem runden Hut auf dem Kopf nichts gemein haben.« (Zebrowski, Mode geht politische Wege. Berliner Tageblatt, 6. 12. 38.) Dem Dreispitz steht entgegen die Jakobinermütze mit der blau-weiß-roten Kokarde. Der Gegensatz kann nicht schärfer sein. Nach der berühmten »Halsbandaffäre« der Marie Antoinette kamen die Hüte »Cardinal sur paille« in Mode (gelbe Strohhüte mit scharlachrotem Deckel und Rand). Sie symbolisierten die Unzufriedenheit eines großen Teiles der Bevölkerung mit dem Herrscherhaus. Die breitrandigen Karboneri-, Turner-, Demokratenhüte sind Zeichen der freiheitlichen Gesinnung in den achtundvierziger Jahren. Leute mit solchen Hüten waren der Polizei von vornherein verdächtig, denn der Monarchist trug den Zylinder. Max v. Boehn (Menschen und Moden im 19. Jahrhundert 1843–1878. München 1925) berichtet darüber: »Je weitere Kreise von demokratischen Anschauungen erfaßt wurden, je moderner wurde auch der weiche Filzhut mit der breiten Krämpe. Je höher 1848 und 1849 die Wogen der Revolution stiegen, je verwegener und verbogener wurde seine Form. Als dann die Reaktion ans Ruder kam, trat der Zylinder in altem Glanze wieder hervor, höher und steifer dann je.« Die Bewegung geht durch ganz Europa. Boehn weiß aus allen Ländern Beispiele zu erzählen, von denen eines das andere an Lächerlichkeit überbietet. Leopoldine Springschütz (Wiener Mode im Wandel der Zeit. Wien 1949) bezeichnet den Hut als das bevorzugte Objekt für Gesinnungssymbole: »Der Zeichner Zampis charakterisiert in einer Folge von Blättern die verschiedenartigsten Kopfbedeckungen, die man im Revolutionsjahr in Wien sehen konnte und die mehr oder minder alle die Aufgabe hatten, die Tyrannis des herrschaftlichen Zylinders zu brechen. Im Mai setzten die Mädchen und Frauen zum Schanzen auf den Barrikaden den gelben, breiten ›Barrikadenstrohhut‹ auf, und die ›Oktober-Nymphen‹ zeigten sich in Studentenmützen und Kalabreserhüten. Auch die Zigarre im Munde fehlte nicht!«

Wiederum trägt 1812 der Napoleonanhänger den Napoleonhut, und der Anhänger der Bourbonen den Zylinder. Napoleon verschwand von der politischen Bühne, seine Anhänger starben bald aus, mit ihnen der Napoleonhut. Der Zylinder hat die verlorene achtundvierziger Revolution überlebt und wird noch zu besonderen Gelegenheiten getragen. Der Schlapphut ist zum unentbehrlichen Requisit des Künstlers und mancherlei »freiheitsdurstiger« Zeitgenossen geworden. Als 1919 Spartakus sein Haupt zu Aufständen erhob, war es mit der Schlägermütze bedeckt, wie sich ihrer die Russen in der Oktoberrevolution 1917 bedienten. Bei den Bolschewiki schob sich bald die Ballonmütze in den Vordergrund. Es war damals gefährlicher, sich in Rußland mit einem Hut sehen zu lassen, als in der Türkei mit einem Fez. Bei den Frauen verdrängte das Kopftuch den Hut. So blieb es auch bis fast zum Tode Stalins. Aber auch kleinere, bescheidenere Ereignisse haben ihren modischen Niederschlag im Hut gefunden. 1744 kam es in Frankreich wegen einer schlechten Ernte zu einer scharfen Mehlverordnung und zu den sogenannten »Bäckerunruhen«. Die Modekünstler boten in diesem Jahr den Frauen Hauben »à la revolte« an. Nach dem Sturm auf die Bastille (1789) wurden sie mit »Hauben à la Bastille« erfreut.

In der gleichen Art hat auch die Haarmode politische Ursachen aufzuweisen. Peter der Große (1672–1725) ließ seinen Würdenträgern die Bärte abschneiden, als sie sich weigerten, dies selbst zu tun. Sie wollten am alten Russentum festhalten, während er bestrebt war, westliche Bildung und Sitten nach Rußland zu bringen. Er hat auch große Erfolge erzielt. Wo er Widerstände mit äußerster Grausamkeit brach, kam es nach seinem Tode zur Rückkehr zu den alten Sitten. 1819 werden die Bärte als Kennzeichen politisch Unzuverlässiger angesehen. »Das achtzehnte Jahrhundert hatte die Männerwelt glattrasiert in das neunzehnte entlassen, und noch Jahrzehnte hindurch hielt das Bürgertum daran fest, daß völlige Bartlosigkeit den soliden und anständigen Menschen kenntlich mache. Friedrich v. Gentz zitterte vor Furcht, wenn er in Gesellschaft Männern mit Schnurrbärten begegnete ... Bismarck glaubte sich bei seinem Vater entschuldigen zu müssen, als er sich als junger Mensch hatte einen Bart, dieses Abzeichen demokratischer Gesinnung, stehen lassen, und in der Tat, als man ihn 1852 von Frankfurt nach Berlin zitierte, um dem Zaren vorgestellt zu werden, ließ ihm der russische Kanzler Graf Nesselrode sagen, erst müsse er sich den Bart abnehmen lassen. 1846 wurde in Preußen Referendaren und Postbeamten verboten, Schnurrbärte zu tragen.« (Max v. Boehn, Polizei und Mode. o. J.)

Dagegen galten 1789 in Wien junge Männer mit kurzgeschnittenen Haaren als Jakobiner. 1848 ist der Bartträger Demokrat, der Glattrasierte Monarchist. In Italien wurden Männer auf der Straße aufgegriffen und von der Polizei rasiert. Der Herzog von Modena schickte Leute, die sich durch ihren Bart verdächtig gemacht hatten, in Straflager. Napoleon III. machte den Knebelbart modern. Dagegen wurde in der wilhelminischen Epoche der Schnurrbart für Offiziere und Beamte obligatorisch. Der Seeoffizier aber trug den Spitzbart nach englischem Vorbild und nach dem des obersten Befehlshabers der deutschen Kriegsflotte, des Prinzen Heinrich. Für Wilhelm I. war der Backenbart charakteristisch, für Wilhelm II. der hochgezwirbelte Schnurrbart. In ihrer Zeit war ihr Bart der modisch bestimmende. »Christ und Welt« berichtete uns (Haartracht und Weltgeschichte, 5.5.1955): »Als die Französische Revolution vorüber war und die Menschheit aus dem Schatten der Guillotine zurückkehrte, erfanden die Damen eine neue Haartracht: die hohe Rokokoperücke wurde sozusagen abgebaut, und was übrigblieb, war ein kurzgeschnittener Kopf, den man ›à la victime‹ nannte – zur Erinnerung an die kurzgeschorenen Haare der weiblichen Henkersopfer. Die unschuldige Frechheit dieser Koketterie mit dem Grauen hat, so meint ein Mitarbeiter der ›New York Times‹, ihr Gegenstück in unseren modernen Frisuren, die, ›kurz getrimmt, wie Affenpelz, das Aussehen der mutterlosen Gassenbuben nachmachen, die nach dem letzten Krieg auf den Landstraßen Italiens umherstreunten‹.

Wenn wir nun noch tiefer in die Sicherheit friedlicher Jahre hineinschreiten, dann werden die Köpfe wohl wieder pompöser aussehen. Jener Kulturbetrachter jedenfalls meint: Der Lauf der Geschichte beweist, daß sich die weibliche Frisur hochtürmt, wenn Währung und politische Lage stabil sind und die Frauen sich in Sicherheit wiegen. In der Tat, der Beobachter hat nicht ganz unrecht gehabt. Die Frisuren unserer Frauen hatten sich einige Jahre lang zu turmartigluftigen Gebilden von beachtlicher Höhe ausgewachsen. In der Zwischenzeit sind sie wieder zusammengesunken oder hängen gar in langen Strähnen links und rechts am Gesicht.« Leider habe ich zu wenig Phantasie, um daraus Analogien für unsere politische und wirtschaftliche Lage zu ziehen. Übrigens sind wiederum in Amerika ähnlich enge Beziehungen zwischen Wirtschaft, Politik und Mode gesehen worden. In beiden Fällen sind die gezogenen Schlüsse zwar recht interessant, aber viel zu voreilig. Doch immerhin: »Unlängst (etwa 1958/59) hat die ›McGraw-Hill-Department of Economics‹ einen kurzen Blick auf die Beine riskiert. Man sehe sich die Rocksäume an. Eine Veränderung der Rocksäume zieht zumeist einen Umschwung wirtschaftlicher Aktivität nach sich. Werden die Röcke länger, zeigen sich negative Tendenzen; hebt sich der Rocksaum, verspricht sich auch das Geschäft zu heben. Die derzeitige Mode des ›Sackes‹ und der verrutschten Taille hat ihren Ursprung in den zwanziger Jahren, als der verkürzte Saum fast die ganze Welt aus der Nachkriegs-Depression in den großen Boom versetzte. Hinterher waren bemerkbare Zwischenverbindungen zwischen Röcken und wirtschaftlicher Aktivität zu erkennen. Unglücklicherweise hat das wirtschaftliche Moment des Rocksaumes gründlich versäumt, die amerikanische Rezession von 1958 anzukündigen; dies ist eine Tatsache, über die von den McGraw-Hill-Experten geflissentlich nicht gesprochen wird. Sie bemerken noch, daß sich die Säume wieder einmal heben. Sie behaupten weiter, ohne sich abschrecken zu lassen, die Röcke gehen in die Höhe und mit ihnen die Wirtschaft.«

Damit wäre man an einer äußersten Grenze angelangt. Ließen sich derartige Beziehungen schlüssig beweisen, wären wir der Lösung des dringenden Anliegens der Modevorhersage um ein entscheidendes Stück näher gekommen.

An der Mode aber läßt sich oft genug ablesen, welche Ereignisse die Öffentlichkeit in besonderem Maße interessieren und auch, welcher Partei sie ihre Sympathie schenkt. Mode kann auch zu Demonstrationen verwendet werden, die unübersehbar betonen wollen, daß der Träger Anhänger einer bestimmten Partei oder Anschauung ist. So kamen in Frankreich während des bulgarisch-türkischen Krieges (1876) die reichgestickten bulgarischen Blusen auf. Während der Balkankriege wiederholte sich der Vorgang zum anderen Male. Während des russisch-japanischen Krieges bevorzugte die Mode russische Blusen und japanische Kimonos. »Glühende Verehrerinnen der Bourbonen zeigten nach der Rückkehr Napoleons von Elba (1814) achtzehn Säumchen am Rock, um ihre Treue für Ludwig XVIII. zum Ausdruck zu bringen, während sich die Anhängerinnen des Kaisers mit einem Veilchen schmückten.« Damen am Hofe Ludwigs XIV. gaben sich durch eine bestimmte Anordnung ihrer Schönheitspflästerchen als Anhängerin dieser oder jener Hofpartei zu erkennen.

Das Gefälle zwischen diesen drei Beispielen ist groß. Im ersten Beispiel wird durch den Krieg ein Land in das Blickfeld der Öffentlichkeit gerückt, von dem bisher im Grunde nur wenige etwas gewußt haben. Das Fremdartige ist verlockend, es wird als schön empfunden. So kommt es zu einem schnellen und umfassenden Einfluß auf die Mode. Beim zweiten Beispiel handelt es sich um einen innenpolitischen Vorgang, wenn er auch ganz Europa erfaßte. Von Mode kann man schon nicht mehr gut sprechen, weil eigentlich nur Abzeichen für eine politische Partei entstehen. Das dritte Beispiel ist am weitesten von Modebildung entfernt. Wiederum handelt es sich um das Abzeichen einer Partei, diesmal einer Hofpartei, die eine andere bekämpft, damit sie sich die Gunst des Souveräns erhalte. Die Auswirkungen beschränken sich auf die Gesellschaft am Hofe. Mode aber muß alle erfassen, wenn sie Mode sein soll. Dagegen: Zu Anfang der dreißiger Jahre wurden »Spanisch-Rot« und »Ochsenblut« als Modefarben vorgeschlagen. Zebrowski (a.a.O.) entrüstet sich daher, daß ausländische Modehäuser dies »tatsächlich fertiggebracht haben, zur Zeit des furchtbaren Bruderkrieges in Spanien, dessen erschütterte Zeugen wir seit Jahren sind«. Doch er fügt dem sogleich hinzu: »Aber selbst diese vereinzelten Irrungen und Wirrungen des Geschmacks sind auch ein sprechender Beweis für die überragende Rolle der Politik in der Mode.« In der Tat, solche »Geschmacklosigkeiten« hat sich die Mode immer wieder zuschulden kommen lassen. So haben sich die Damen des Directoire (1795/99) blutrote, schmale Bändchen straff um den Hals gelegt, »in Erinnerung an die Guillotine«. Latour (Magie der Mode. Stuttgart 1960) erzählt über die Frisuren des 18. Jahrhunderts: »Schmetterlinge umtanzten die Köpfe flatterhafter Frauen, Putten guckten schelmisch aus dem Kopfputz zärtlich Veranlagter, winzige Särge und Urnen schmückten die Frisuren melancholisch angehauchter Frauen, für die Herzogin von Chartres stellte Léonard, als sie 1773 ihren Sohn gebar (der spätere Bürgerkönig Louis Philippe), einen Kopfputz her, auf dem eine breite, dicke Amme mit einem Säugling thronte.« Modetorheiten sind Legion. Aber nach kurzer Zeit werden sie als schön empfunden, finden sie ihre Anerkennung, bis sie wiederum einer neuen Mode Platz machen müssen.

Nicht ohne eine gewisse Tragik sind die zahlreichen erfolglosen Bemühungen, der Mode in den Arm zu fallen und wieder zu erwecken, was längst tot ist. Sie haben stets einen politischen Hintergrund, und der erstrebte Erfolg soll immer durch Macht und Gesetz erreicht werden. Nach der Niederlage Napoleons (1813) führte der nach Kassel zurückgekehrte Kurfürst von Hessen sofort wieder den Zopf ein; das gelang ihm aber trotz Gesetz nur bei den Beamten und Soldaten. Der russische Zar Paul I. befahl sogar wieder die Rokokomode von 1775. Alle Träger runder Hüte ließ er von der Polizei verfolgen, um in ihnen »verworfene Jakobiner« auszurotten. Landgraf Wilhelm von Hessen ließ die Zuchthäusler in Kassel in der karikierten Tracht der Pariser Revolutionsgrößen – einer langen Drillichhose und einem violetten Frack mit meterlangen Schößen – die Straßen kehren. Es half nichts: Weder Gesetz noch Satire konnten den Gang der Mode aufhalten. Das vermögen selbst manche unserer Zeitgenossen noch nicht zu sehen. So hat sich ein Pariser Rechtsanwalt an das Stadtregiment gewandt (Textil-Revue, St. Gallen 1. 9. 66): »Jede Pariserin, die statt des Rockes eine Hose trägt, macht sich strafbar, denn sie verstößt gegen das Gesetz. Der Jurist bezieht sich dabei auf eine Verordnung des Grafen Dubois vom 16. November 1800, durch die bestimmt wird, daß jedes weibliche Wesen, das die Absicht hat, sich wie ein Mann zu kleiden, vorher die Genehmigung der Polizeipräfektur einholen muß. Die Genehmigung des Hosentragens durch Frauen und Mädchen darf nach der Vorschrift nur zum Zwecke des Reitens sowie aus beruflichen und gesundheitlichen Gründen erteilt werden.

Dieses Gesetz, so betont der Rechtsanwalt, ist bis heute nicht aufgehoben worden, und es besitzt noch in unseren Tagen Gültigkeit. Den Pariser Stadtvätern wird keine andere Wahl bleiben: entweder das Gesetz abschaffen oder den Evas das Tragen von Hosen verbieten. Letzteres dürfte zweifellos schwieriger sein.« Oft und oft wurde versucht, der Mode mit Hilfe von Steuern in den Arm zu fallen. So hat 1857 der Maire von St. Quentin auf alle Krinolinen von zu großem Umfang eine Steuer gelegt, wenn sie auf öffentlichen Bällen getragen wurden. (Pariser Damenkleider-Magazin 1857). Die Modegeschichte vermag uns keinen Erfolg dieser Maßnahme zu melden.

Zuletzt soll auch noch der Anzug einer Betrachtung unterworfen werden. Das Seidenkleid mit Kniehose, vielen Spitzen und Spieldegen steht der langen dunklen Hose der unteren Volksschichten entgegen. Eines Tages werden diese Kleider zum politischen Symbol. Anny Latour sieht das sehr deutlich, wenn sie auf die sich daraus ergebenden heftigen Gegensätze hinweist (a. a. O.): »Noch kann die Kleidung gewisse politische Überzeugungen ausdrücken. Durch das Tragen der langen Hosen bekennt man sich zu den Grundsätzen der Revolution, man kann aber auch durch die Kniehose eine konservative Gesinnung bezeugen. Als die lange Hose sich in Frankreich schon längst durchgesetzt hat, gilt sie in den deutschen Staaten noch als revolutionär. Herren, die im Jahr 1833 an den Hof zu Dresden eingeladen waren und anfragten, ob sie in langen Hosen erscheinen dürften, wurde die Antwort zuteil, man hätte von ihnen mehr ›Attachement‹ an das Königshaus erwartet.« Noch 1798 erließ die preußische Regierung eine Verordnung an ihre Beamten (Boehn, Polizei und Mode): » . . . daß Pantalons unanständig, rund geschnittene Köpfe und eigenes Haar dem Ernste und der Würde eines königlich-preußischen Beamten nicht angemessen seien.« Aber nur ein Jahr später macht Friedrich Wilhelm III. von Preußen die lange Hose hoffähig. Doch die Macht des Bürokratismus ist widerstandsfähiger und konservativer als der König von Preußen. Schließlich untersagt derselbe König seinen Beamten die langen Hosen. Sie hatten gesiegt, der König mußte sich dem Gesetz des Königs beugen, welches in einer Beamtenkanzlei konzipiert worden war. So war sie auf dem Wartburgfest in Acht und Bann getan (18. 10. 1817). Die Burschenschafter trugen lange Hose und Gehrock. Die »altdeutsche Tracht« war das Kleid von Aufrührern. Als Karl Ludwig Sand den Dichter Kotzebue ermordet hatte, erschien sie wie die Uniform einer über ganz Deutschland verbreiteten Armee des Umsturzes. Den Kunstschülern der Dresdner Akademie wurde diese Kleidung untersagt.

Aber 1798 war mehr als eine Revolution, die einen König köpfte. Die Zeitgenossen, insbesondere die europäischen Könige und ihre Minister, wurden dessen auch dann noch nicht inne, als die französischen Revolutionsheere mit der flatternden Trikolore über die französischen Grenzen hinaus stürmten und schließlich mit Napoleon die Sieger auf den europäischen Schlachtfeldern wurden. In hundert und bald in zweihundert Jahren hat sie das Gesicht Europas und der Welt gründlich und unwiderbringlich verändert. Und da wollten einige Duodez-Fürsten und Kaiser und Könige, die sich zu den Mächtigen dieser Erde zählten, die Mode festhalten, die sie in ihrem größten Glanz gesehen hatte. Geschah das Festklammern am alten nicht aus Angst vor dem Kommenden? Ging nicht vom alten Kleid sichtbar Beruhigung und der Anruf alter Sicherheit aus? Und verbreitete das neue Kleid nicht die ängstliche Unruhe vor dem unsichtbaren Kommenden? Kleid ist Symbol. Im Kleid wird Charakter und Geist des Trägers lebendig. So wird es »schicksalbestimmend, weil sie die im Unterbewußtsein schlummernden Triebe ans Tageslicht bringt« (Latour, Magie der Mode). Die Mode verwandelt über Nacht den dunklen »Tuchrock« des »Dritten Standes« in ein Gewand der Ehre. Die Sansculotten ersetzen die seidenen Kniehosen durch die langen Beinkleider der Matrosen, die »Pantalons«. Sie verkörpern Müßiggang und Arbeit. Seitdem ist der Anzug des Mannes unaufhörlich bis heute ein Arbeitsanzug, auch sträubt er sich gegen allzu große modische Änderungen, insbesondere gegen auffallende Farben. Der Bürger arbeitet, er verliert sonst sein Ansehen. So arbeitet der Reiche fast mehr als der Arme. In ihrem Anzug sind sie kaum zu unterscheiden. Aber die lange Zeit, die dem Bürger gegeben war, scheint ihrem Ende entgegen zu gehen. Einbrüche sind bereits ganz unübersehbar erfolgt. Wilh. Heinrich Riehl (Die bürgerliche Gesellschaft. Stuttgart 1861) ist einer der wenigen, die das Zukünftige in Umrissen sahen.

Vielleicht hat A. de Tocqueville die gesamte Entwicklung umfassender und deutlicher gesehen: »Merkwürdig genug ist im achtzehnten Jahrhundert die bürgerliche Tracht allmählich aus der Hoftracht hervorgewachsen... In der neueren Zeit dagegen sinkt umgekehrt die nivellierte bürgerliche Mode auf die Hoftracht zurück. Die langen Hosen mit Stiefeln haben selbst an den Höfen die kurzen Hosen mit Schnallenschuhen und Strümpfen zu verdrängen begonnen, und Ludwig Philippe kokettierte mit dem bürgerlichen Oberrock und dem unvermeidlichen Regenschirme, damit bei seinem ›Bürgerkönigthume‹ auch das Tüpfelchen auf dem I nicht fehle. Ludwig Napoleon dagegen, dessen Politik sich gewiß nicht auf das Bürgerthum stützt, führte kurze Hosen und seidene Strümpfe wieder in den Hofsaal zurück. Die Gleichheit beginnt der Freiheit über den Kopf zu wachsen, also ist es ganz naturgemäß, daß die Bürger nicht mehr die kurzen Hosen borgen, sondern umgekehrt der Hof die langen Hosen von den Bürgern.« Aus einem politischen Symbol ist eine Mode geworden, die sehr bald von allen angenommen wurde.

Aus der neueren Zeit kennen wir, daß die russische Revolution einen erheblichen und lang andauernden Einfluß auf die Mode hatte. Die führenden Persönlichkeiten geben Beispiele an Bescheidenheit, damit das Volk desgleichen tue. Die Mode erstarrt und zwängt den Menschen in eine Art zivile Uniform. Sie soll zugleich eine Kampfansage gegen die Bourgeois, gegen feindliche Regierungssysteme sein. Aus der zivilen kann auch eine echte Uniform werden. Der Schritt ist ganz klein. Weder bei Stalin noch bei Hitler ist genau zu unterscheiden, ob ihr einfacher Anzug zivile oder militärische Uniform war. Dasselbe kann man wohl auch von dem Chinesen Mao sagen. Während die beiden ersten Machthaber ihre Paladine mit farbenprächtigen Uniformen und ungezählten Orden wie Pfaue schmückten, hat Mao eine einheitliche dunkle, höchst einfache Kleidung für Mann und Frau und Hoch und Niedrig mit aller grausamen Macht eingeführt. Es ist daher gar nicht so abwegig, von den Chinesen als den blauen Ameisen zu sprechen. Stalin und Hitler haben die Uniform als die einzig richtige Kleidung angesehen. Sie haben nicht lange genug herrschen und leben können, um dieses Ziel zu erreichen. Das wäre ihnen gelungen, wenn sie alle Macht und Gewalt angewandt hätten, über die sie verfügten. Ihr neuer Mensch sollte auch in seiner Kleidung anders sein als die ihm feindliche Welt. Aber das Ziel ist nicht erreicht worden. Auch in Rußland schwingt Frau Mode wieder ihr Szepter. Der autoritäre Staat kann mit dem Menschen tun, was er will, er kann ihn nach seinem Bilde formen. Und er kann ihm auch die Kleidung aufzwingen, die er will. Gewalt erzwingt alles, nur keine Freude. Die Chinesen haben gewiß keine Freude gehabt, als sie ihre Zöpfe abschneiden mußten. Aber viele hatten das schon getan, bevor Mao sein Machtwort sprach. Der Zopf wird eines Tages auch vergessen sein, weil die modischen Einflüsse des Westens stärker sind. Die russische und die chinesische Revolution sind ohne die westliche Morgengabe nicht denkbar. So haben auch unerwünschte westliche Eigenschaften mit bis nach China marschieren können. Einheitskleidung ist bis jetzt noch nicht der höchste aller Wünsche. Wohl aber läßt sich nicht bestreiten, daß jede Revolution, die den Menschen in seinen materiellen und geistigen Grundfesten verändert, das Prinzip der Einfachheit verkündigt. Ebenso ist sicher, daß es sich schnell abnützt, in den führenden Schichten zuerst. Der Luxus hält Hochzeit mit der Mode. Bald wird Mode wieder zum Besitz aller. Wenn Zwang und Gewalt kommandieren, kann man nicht mehr von Politik reden. Sie können immer nur Tracht schaffen und niemals Mode; denn Mode lebt nur in der Freiheit und in äußerstem Gegensatz zur Gewalt. Aber wie lange dürfen die Gewaltigen herrschen?

## Kleiderordnungen

Kleiderordnungen werden von der Obrigkeit gesetzt. Sie sind nur in der ständisch gegliederten Gesellschaft denkbar. Ihr Anliegen ist zweifacher Natur: Einmal zeigt die verordnete Kleidung, welchem Stand ihr Träger angehört, daß ihm seine Ehre und die Unterscheidung von den niedrigeren und höheren Ständen zugesprochen werde. Innerhalb dieser Ordnung kann er sich frei bewegen, aber er darf sie auch nicht durchbrechen. Am strengsten ist die Ordnung für die »Unehrlichen«, den Henker, die käufliche Frau. Für sie wird die vorgeschriebene Kleidung zur Kennzeichnung, vielleicht zur Brandmarkung. Zum anderen werden Kleiderordnungen der zunehmenden Hoffahrt wegen erlassen. Aber da verlieren sie ihre Wirkung. Die Kapitulare Karls des Großen von 808 enthalten die erste deutsche Kleiderordnung. Es darf ohne große Bedenken unterstellt werden, daß auch für sie die beiden Gründe maßgebend waren, wenn auch die sichtbare Gliederung der Gesellschaft im Vordergrund gestanden haben mag. Die Unterströmungen Luxus, Geltung, Stolz, Abhebung, Anerkennung, Bewunderung waren da, wenn sie auch erst in der »Gesellschaft der Gleichen« zum alle anderen Ordnungen überflutenden breiten Strom werden konnten.

Eine ausgebaute Kleider-Gesetzgebung wird erst von den Reichsstädten geschaffen. Mit ihnen sterben sie aus. Das 18. Jahrhundert führt zur Überspitzung und schließlich mit der Großen Revolution zum Erlöschen. Wenn die Münchener Zeitschrift »Jugend« die nachfolgende Glosse (im Jahre 1901, Nr. 28) bringt, so konnte es sich bei jener Verordnung der Dresdner Stadtväter nur noch um einen seltsam verspäteten und völlig aussichtslosen Kampf gegen Windmühlenflügel handeln:

Letzte Mode

Ich scherze nicht! Die Stadtverordnetenversammlung von Dresden hat mit 38 gegen 21 Stimmen das Tragen von langen Röcken kaltblüthig untersagt und bedroht, um dieser Verstimmung den nöthigen Nachdruck zu verleihen, alle Zuwiderhandelnde mit empfindlicher Geldstrafe.

Ich weiß nicht, wie die Dresdnerinnen diese Verlobung aufgenommen haben; eine Französin würde sich jedenfalls köstlich darüber amüsieren. Wenn ich die Aussicht hätte, einmal Stadtrath zu werden, und als solcher den Auftrag erhielte, die Form des Korsetts, den Ausschnitt der Ballroben oder die Zahl der an einem Unterrock zulässigen Volants zu studieren — ich würde plötzlich Geschmack an der Politik finden und mich unverzüglich um die Stimmen meiner Mitbürger bewerben.

Es geht aber hier keineswegs um eine geschichtliche Abhandlung über die Kleiderordnungen. Sie liegt vor in einer instruktiven Schrift: L. C. Eisenbart, Kleiderordnungen der deutschen Städte zwischen 1350 und 1700 (Göttingen 1962); es gibt auch noch andere Schriften darüber. Vielmehr soll gezeigt werden, daß auch die Gesellschaftsordnung, die jedem seinen Platz zuwies, den er nicht verlassen konnte, und die doch von dem mächtigen Bau der Kirche mit ihren verbindlichen Namen überwölbt war, nicht in der Lage war, die Sehnsucht des Menschen nach Überhöhung durch das Kleid zu dirigieren oder gar zu töten.

Mit nackter Gewalt natürlich läßt sich auch eine Kleiderordnung durchsetzen. Das war der Fall, als in der Restauration nach der Französischen Revolution von einigen Potentaten wieder Zopf und Kniehose befohlen wurden. Aber nur die Soldaten und Beamten konnten von dem Gebot erreicht werden. Es mußte bald wieder verschwinden.

Die »Unehrlichen« hatten keine Lebensmöglichkeit mehr, wenn sie sich nicht fügten. 1508 verbietet der Rat der Stadt Nürnberg sogar das Einhergehen der Töchter des Frauenhauses in ihren Kleidungen auf den Gassen (Mitteilungen des Vereins für die Geschichte der Stadt Nürnberg; 1926, S. 231): »Item den frauenwirt soll man sagen, daß er seine tochter nicht so pfleglich in iren hurnclaidungen alle gassen lass ausspulen, sondern dass si sich anhäuns enthalten, sovil muglich, si wollten dann in iren menteln und stauchen oder schlairen die kirchen oder andere ort besuchen, das soll inen unbenommen sein.«

Nur die »Spanische Mode«, die untrennbar mit dem »Spanischen Zeremoniell« verbunden war, konnte befohlen werden und sich bei den Befohlenen durchsetzen. Die großen spanischen Habsburger ließen niemanden bei Hofe zu, der sich ihrem Stil nicht unterordnete. Bei Hofe sein zu dürfen, war die höchstmögliche Überhöhung der Gesellschaft des sechzehnten Jahrhunderts. So war die »Spanische Mode« eben keine Mode, sondern fast eine Art Uniform für Ausgezeichnete. Das spanische Zeremoniell ist beibehalten worden, als die »Spanische Mode« längst versunken war. Sie war Teil eines geprägten Stils und eben deswegen keine Mode. Auch ist zu sagen, daß sie sich in der Hauptsache nur die Privilegierten untertan machte, das »gemeine Volk« aber nicht erreichte. Mode aber ist allen ohne Ausnahme zugänglich. Sie macht buchstäblich jeden zu ihrem Diener.

Die Weltgeistlichen und Ordensleute tragen eine »Tracht«. Sie verändert sich im Laufe von Jahrhunderten nur zögernd. Selbst die Reformbestrebungen des Vatikans in der Gegenwart sind von vielen durchaus nicht begeistert aufgenommen worden. Freiwillig wird getan, was kein Zwang erreichen kann. Das Wort »den Schleier nehmen« läßt die Welt mit ihren Eitelkeiten zurück. Die »Kutte« wird zum Symbol.

Und auch der Soldat macht eine Ausnahme. Er trägt ein Ehrenkleid. Der Offizier, erst recht der General, ist ein Privilegierter, lange steht er als erster an den Stufen des Königsthrons. So gewährt ihm jede Kleiderordnung auch die meisten Freiheiten. Im Grunde spürt er kaum noch Beschränkungen. Er darf sich nur niemals über den Glanz des Königs erheben. Der Landsknecht zieht sich an wie er will. Der Haufe ist wahrhaft buntscheckig. Wer näher hinsieht, spürt sogleich, daß es so etwas wie eine »Landsknechtstracht« gibt. Jeder ist als Landsknecht zu erkennen, wenn der eine auch reicher, der andere ärmer gekleidet ist. Es ist erstaunlich, wie viele Abwandlungen der Grundgestalt möglich waren. Kann gesagt werden, daß sich in ihnen Mode, »Landsknechts-Mode« zeigte? Welche Kleiderordnung konnte etwa im Ernst die Weite der Pluderhosen nominieren? Der wilde Haufe, auf den der »Regierer« doch immer wieder angewiesen war, hätte sich eben geweigert.

Erst im Aufgang des absolutistischen Königtums ändert sich das alles von Grund auf. Jedes Regiment erhält eine einheitliche Uniform. Der Offizier hat die gleiche Uniform wie der Mann. Sie ist aus feinerem Tuch, reicher ausgestattet und mit glänzenden Rangabzeichen versehen. Der General und schließlich der Souverän ziehen die Uniform an, wiederum nur durch Abzeichen, Schärpen, Degen unterschieden. Die Uniform wird zum Ehrenkleid: »Wer dem König von Preußen dient, hat nichts mehr, was ihm selber gehört.« Nur der zum Soldaten dreist gepreßte Mann haßt die Uniform. Aber er kann sich ihrer nicht entledigen, denn die Macht ist über ihm. Wenn längst alle Kleiderordnungen gefallen sind, bleibt doch die Uniform. Die allgemeine Wehrpflicht läßt sie zu hohen Ehren kommen. Zu Zeiten wird die Uniform zum Sehnsuchtsziel, zur Auszeichnung für viele. Sie wird zum Kennzeichen für Privilegierte, der Zugehörigkeit zu den Herrschenden. Uniform verlangt gleiches Verhalten. Uniformen schaffen »Einheiten«, die nach bestimmten Regeln so und nicht anders einem Reglement gehorsam sind. Uniform ist für den kämpfenden Soldaten, denn dies ist seine Aufgabe, unbedingt notwendig. Im Kampf versinkt der Glanz. Nur der rationale Zweck bestimmt, wie die Uniform zu sein hat.

So wird Uniform zur Tracht im weiteren Sinn und steht daher in unversöhnlichem Gegensatz zur Mode, die immer *wird* und nie *ist*. Tracht ist erstarrte Mode. Das »gemeine Volk«, insbesondere der Bauer, in der Stufenleiter der Stände ganz unten, kann wenig Luxus entfalten, ahmt das Neue, »die welsche Mode« schon deswegen nicht sofort nach, weil er sparsam haushalten muß. Aus der Arbeit, gepaart mit seinem starken Festhalten am Überkommenen, hält er an der Grundlinie seiner Kleidung über Generationen fest. Das Festtagskleid, immer weiter vererbt, wird kostbarer, wenn es dem Jüngeren zufällt. Nur zögernd werden dazu Elemente der jeweils herrschenden Mode aufgenommen.

So wird Mode in den Städten, die sich den Einflüssen der Welt öffnen, die mit anderen Ländern in Verbindung stehen, wo der Sitz geistlicher und weltlicher Herren ist, die den Glanz der Pracht und Herrlichkeit ausstrahlen. Die Kaufmannsfürsten, »Die Geschlechter« in den Reichsstädten, lassen sich an Reichtum und Luxus nicht leicht übertreffen. Alle Stände sind in den Städten vereinigt. Jeder hat seine Ordnung und sein Ansehen. Zwar gibt es den Stand der Handwerker. Aber nicht jede Zunft hat das gleiche Ansehen. So wird aus der einen Ordnung eine oft sehr vielfältige Differenzierung von Ordnungen. Je vielfältiger sie sind, desto mehr reizen sie ganz offenbar zu fortwährenden Übertretungen.

In Straßburg z. B. wurde in sechs Stände geteilt (nach L. C. Eisenbart, Kleiderordnungen der deutschen Städte zwischen 1350 und 1700. Göttingen 1962), davon der vierte und fünfte wieder unterteilt. Danach ergibt sich folgende Ständegliederung:

1. Mägde, Wärterinnen, Näherinnen und »andere ledige Frauen, die im Lohn arbeiten«.
2. Angehörige von 35 verschiedenen Berufen: Tagelöhner, Holzhauer, Kohlenträger, Hirten, Schuhflicker, Korbmacher, Almosenknechte, Turmhüter, Waldhüter, Läuferboten, Scharwächter usf.
3. »die sogenannten gemeinen Handwerker« (104 verschiedene Gewerbe) und die »gemeinen Bürger«: einfache Schreiber, Krämer mit geringem Lagerbestand, Makler, Kleinschenken, Altgewänder und Kutscher, die eigene Pferde halten, dazu die Knechte und Diener der Stadt in den unteren Stellen«.
4. Hierher gehören 49 Berufe: z. B. Kunsthandwerker, Kunstmaler und »Contrafaiter«, Goldschmiede usw., die mittleren Beamten der Stadt. Der zweiten Gruppe wären zugeteilt die Schreiber der verschiedenen Ämter, Postmeister, Münzmeister, Notare usw.
5. Der ersten Gruppe gehören an alle, die »starkes und ansehnliches gewerb« führen, aber von geringerem Herkommen sind und diejeniggen, die wohl vornehmer Geburt sich rühmen können, aber nur mittelmäßige Gewerbe betreiben.
Zur oberen Gruppe werden alle gezählt, die von vornehmen Eltern geboren sind oder den »alten Geschlechtern, deren Voreltern vor einhundert oder mehr Jahren in dieser Stadt das Regiment besessen«. Die Beamten sind durch die Stadtamtleute vertreten.
6. Diesem höchsten Stand gehören die »Regimentspersonen« an: der alte Landadel der Umgebung, der das Bürgerrecht besitzt und die höchsten Beamten.

Die gelehrten Berufe sind nach ihrer Rangordnung gegliedert. Professoren der Universität haben besondere Freiheiten und werden »von der Ordnung im einzelnen nicht betroffen«.
Der bayerische Kurfürst Maximilian I. (1573–1651) gliederte seine Untertanen in sieben Klassen (nach Pfister, Kurt: Maximilian von Bayern und sein Jahrhundert. München 1948):
1. Bauersleute,
2. Kauf- und Gewerbeleute,
3. Geringer Bürgerstand,
4. Kanzleidiener und Geschichtsschreiber,

5. Doktoren und Lizentiaten,
6. Geschlechter, Ritterschaften,
7. Grafen und Freiherren.

Der Reichstag zu Augsburg setzte zwölf Stände fest:
1. Bauern auf dem Land,
2. Bürger und Einwohner von Städten,
3. Kaufleute und Handwerker,
4. Adel,
5. Doctoren,
6. Grafen und Herren,
7. Churfürsten, Fürsten, Fürstmäßige,
8. Erzbischof, Bischof, Prälat,
9. Reysige Knechte,
10. Kriegsleute,
11. Gemeine und unehrliche Weiber,
12. Juden.

In Nürnberg begnügte man sich mit sechs Ständen:
1. Der vörderste Stand,
2. Kauf- und Handelsleute,
3. Handwerker,
4. Krämer und Kaufmannsdiener,
5. Die übrigen,
6. Gesellen und Dienstknechte.

Alle Ständegliederungen, so vielfältig sie auch sein mochten, dienten letztlich der herrschenden Schicht und ihrem unbestrittenen Einfluß auf die niedriger Eingestuften. Das Kleid machte daher Geltung und eben Macht sichtbar. Wer das Kleid des höheren Standes usurpierte, verging sich gegen das Regiment und dessen Rechtsordnung.

Noch im letzten Jahrzehnt vor der großen Revolution werden Kleiderordnungen erlassen. Das unterirdische Grollen wird lauter und lauter. So mußte auf die Einhaltung der Kleidervorschriften erst recht geachtet werden.

Aber wenn es eben nur auf die Unterstreichung jenes bekannten Satzes angekommen wäre: An der Kleidung erkennt man den Herrn und den Knecht. Als wenn sich Adam und Eva seit Urzeiten nicht hätten schmücken und schön sein wollen. Das berichten die Mythen der Völker, und die Sehnsucht wird bleiben bis an das Ende des Menschentages.

So haben alle Kleiderordnungen immer nur die Übertretung gefördert. Wer weiß – Kleidung und Luxus, wie der einzelne es wünschte und darstellen konnte, hätten die Macht des alten Ständestaates lange nicht so schnell gebrochen. Heute kann sich jeder nach eigenem Wunsch und Vermögen anziehen. Welchen Weg wird die »Gesellschaft der Gleichen« gehen?

Wichtig scheinen doch in solchem Zusammenhang die Begründungen zu sein, die jenen Kleiderordnungen als Präambel vorangesetzt werden. Moralische Belehrungen, väterliches Zureden sind sie in einem. Drohend wird auf die Ordnung hingewiesen, Strafen werden in Aussicht gestellt. Sie sind oft genug barbarisch. Savonarola und der Johann Geiler von Kaysersberg haben es nicht vermocht, daß die Menschen von ihrer Lust an Luxus und dem ewigen Geltungstrieb abließen. Gewaltig waren ihre Bußpredigten. Wie kurz war ihre Wirksamkeit. Haben sie nicht mit der Verdammnis in alle Ewigkeit gedroht? Und doch blieb der Mensch dabei: Wie er sich selbst sieht, so sollen ihn auch die anderen sehen. Was können dagegen Vorschriften der Obrigkeit ausrichten?

Der absolute Herrscher, Maximilian von Bayern, setzt seiner Kleiderordnung eine umfangreiche Begründung voraus (z. T. zitiert nach der genannten Arbeit von Pfister):

»Nachdem Wir eine geraume Zeit im Werke verspürt, daß sowohl bei hohen als niederen Standespersonen in Unsern Fürstentümern und Landen, den heilsamen Polizeiordnungen gänzlich entgegen, allerhand ärgerliche, strafbare Mißbräuche eingerissen, insonderheit aber die hochverderbliche Pracht in den Kleidungen und anderen Leibeszierden fast bei Männiglich, jedes Willkür und Gefallen nach, solchergestalt überhand genommen, daß man sowohl in der Form als in der Materie, die vor Jahren in Unseren Fürstentümern und Landen einem jeden Stande gebahrte auch gebräuchig und zulässig war, obgedachte, heilsame Ordnungen überschritten, und fast täglich andern ausländischen und zum Theil leichtfertigen Formen in Kleidungen nachgesinnet und ins Werk gesetzt, woraus dann folgt, daß viel Geld unnützer Weise und zu Etlicher wissentlichem Schaden und endlichem Verderben ausgegeben, den ausländischen Handelsleuten in die Hände gestoßen, auch anderm Unheil und Inkonvienzen, sonderlich aber der lieben Jugend zu aller Üppigkeit, Hoffahrt und leichtfertigem Wandel Anlaß und Beförderung gegeben, auch daher die Baarschaft zu dergleichen unnotwendige Pracht mehr als zu täglicher Unterhaltung ihr und ihrer Hausgenossen angewendet wird; also haben Wir zur Abschneidung dessen, auch bei fürstlicher, väterlicher Vorsorge, länger nicht umgehen wollen, hierin zu redimieren und allen bisher in Kleidern und andern Leibeszierden verspürten Überfluß, nach Gestalt jetziger Laufe, auch eines jeden Standes Herkommen und Profession gemäß, nach Laut und Ausweitung folgender Ordnung einzuziehen, auch darob mit allem Ernste halten zu lassen, damit in Zukunft sowohl unter den höhern als niedern Standespersonen besser als bisher der Unterschied gesehen und erkannt werden möge...«

In der gleichen Zeit (13. 12. 1599) kommt es zu einem »Verlaß des Älterenkollegiums« der Stadt Nürnberg (Mitteilungen des Vereins für Geschichte der Stadt Nürnberg. Nürnberg 1888):

»Dieweil zu jetzt furgefallenen wettertagen das burgerschlittenfahren wider angehen wirt, damit sich dessen nit ein jeder, der es nit hergebracht, sondern alein diejenigen, so es geburt, gebrauchen, soll man dem stattpfender befehlen, eine verzeichnis zu machen aller deren, so dise tag fahren werden, und dieselbe beim rat furlegen, damit man rätig werde, wem man solchs fahren außer deren vom Geschlecht zulassen und bei welchem man es abstellen woll. Und dieweil auch die hoffart allhie dermaßen überhand nimbt, daß schier kein stand mehr vor dem andern zu erkennen und die gemeine kremer und ihre weiber sich schier mehr als die vom geschlecht zu tragen anmaßen, soll man den deputirten Herrn zusprechen, die neue Hoffartsordnung zu befinden, damit solcher Unordnung zeitlich furkommen werde. Man soll auch mit der hochzeitordnung fortfaren und eine copi derselben etliche erbaren frauen, doch im gehaimb sehen lassen und ihre bedenken daruber vernemen.«

Hundert Jahre später erläßt der Nürnberger Rat wieder einmal eine Kleiderordnung. Diesmal will die Präambel zur Sparsamkeit ermahnen, um besonders die Kaufleute vor den Bankerott-Erklärungen zu bewahren. Sie sollen deswegen verzichten auf »allzu reichlichem Haußhalten, Hoffahrt und Kleiderpracht bei Manns- und Weibspersonen, Kindern und Gesind, Pferdekutschen, Hochzeiten, Kindstaufen, Leichen«. Aber der Rat beklagt sich gleichzeitig: »wider ehedessen beschehenes Verbot dieser schandliche Mißbrauch nicht abgestellet, sondern je länger je mehr beharret werden will.« (Nach Hildegard Reinke, Fränkischer Kurier, 23. 5. 37)

Wie wenig Erfolg alle »väterlichen Ermahnungen« hatten, zeigt die Zahl der erlassenen Ordnungen. Frankfurt erließ im 15. Jahrhundert deren sieben (1453, 1468, 1476, 1481, 1486, 1488, 1489) und Leipzig im 17. Jahrhundert gar sechzehn (1625, 1628, 1634, 1637, 1640 zweimal, 1642, 1649, 1652, 1661, 1664, 1673, 1674, 1680, 1698, 1701). An dieser Vielzahl wird die ganze Wirkungslosigkeit der Kleiderordnungen offenbar. Trotzdem hat die Obrigkeit an ihnen festgehalten, bis sie durch eine neue Gesellschaftsordnung hinweggefegt wurden.

Wenn in einer so straff gegliederten und mit großer Härte gehandhabten Ordnung der Mensch immer wieder ausbricht, sobald sie bestimmen will, wie er sich zu kleiden hat, muß damit mehr verbunden sein als nur der Wunsch nach Luxus oder der Drang, die gesetzten gesellschaftlichen Grenzen zu überschreiten. Hier ist gestern und heute eine große Macht am Werke. Das Kleid überhöht den Menschen, läßt ihn erleben, wer er ist und wer er sein möchte. Das Kleid macht ihn hilflos und mächtig. Es öffnet ihm die Türen zur Welt oder es verschließt sie in alle Ewigkeit. Das Kleid macht ihn zum Herren, Diener oder Knecht. Es läßt ihn arm oder reich sein. Willen, Selbstbewußtsein oder Schwachheit gibt es ihm, es hält ihn in der Gosse oder verwirklicht zu Teilen, wenigen oder vielen, die Träume seines Lebens. Von Glanz fühlt er sich umgeben, grau und unbeachtet in die Enge getrieben. Er sucht sich zu erkennen und weiß es nicht. So kämpft er um Äußerlichkeiten, die für ihn doch keine sind, und fürchtet auch die entehrende Strafe nicht. Die Mode wird bei ihm bleiben, solange er ist. Wer bist du, Mensch?

## Mode-Kuriositäten

Die Mode ist ein leichtfüßiges Geschöpf. Sie verkleidet den Menschen und setzt ihm Narrenkappen auf. Läßt sie nicht die geheimsten Wünsche Wirklichkeit werden? Wer sich seiner selbst nicht gewiß ist, weil er nicht weiß, wer er ist, den macht die Mode lächerlich, obgleich sie dabei weint, weil sie zu einem Dienst gezwungen wird, der ihr nicht zugehört. Mode begleitet den Menschen über die Höhen und durch die Tiefen seines Lebens, hohe Feier, Freude und Leid sind bei ihr. Sie tänzelt und sie schreitet wie in schwerer Trauer. Nur – ihre Trauer ist nicht ganz so tief und ihre Freude größer. Immer und zu jeder Zeit will sie den Menschen schöner machen und in der großen Feier wie in hohem Amte der Würde ihr Ansehen geben. Ein hohes Lied der Mode kann mit leichtem gesungen werden. Sie kann aber nicht nur lächerlich machen, sondern lebt in steter Gefahr, selbst ein Opfer der Lächerlichkeit zu werden. Das scheint immer dann der Fall zu sein, wenn Menschen, die keine Ahnung von Mode und ihrem Wollen haben, auch nicht von dem, was von ihr erwartet wird, mit wahrhaft tierischem Ernst verbessern, bequemer machen wollen. Als wenn dies jemals von der Mode erwartet worden wäre. Das sind erfinderische Weltverbesserer. Was haben sie sich alles einfallen lassen, und wie enttäuscht müssen sie gewesen sein, als die Welt ihre so schönen Erfindungen mit homerischem Gelächter in die Ecke warf, bevor sie zum Leben kommen konnten.

Was soll man von dem Reichspatent Nr. 108975 »kombinierter Radfahr- und Promenadenrock« halten? Der Erfinder lieferte dazu eine großartige Beschreibung: »In der Innenseite ist eine Schnur oder ein Band befestigt, durch Ringe hindurchgezogen und mit dem freien Ende durch eine Öffnung nach der Außenseite des Rockes geführt. Durch Ziehen an diesem freien Schnurende wird sowohl der hintere Teil des Rockes als eine Partie des Rockvorderteils direkt an den Körper der Trägerin herangezogen.«

Aber um die Jahrhundertwende schwangen sich die Frauen auf das Fahrrad. Mit untrüglicher Sicherheit sah der scharfe Blick des Erfinders die Schwierigkeiten, mit denen züchtige Frauen zu kämpfen hatten. So erfand der barmherzige Mann einen »Rockabschluß, für Bicyclistinnen, der das Aufbauschen des Rockes und ein Ansammeln des Staubes in demselben« verhindern soll. Den eleganten Faltenwurf bei Damenröcken will Reichspatent Nr. 165606 vom 30. Oktober 1903 durch »Einlage einer offenen, gewundenen, elastischen Schraubfeder aus Metalldraht, die offen oder mit einer Umhüllung versehen an geeigneten Stellen des Rockes, vor allem oberhalb des Rockvorstoßes befestigt wird«, erzielen. War es den Frauen jener Zeit wirklich darum zu tun, mit seltsamen Mitteln zu verhindern, was sie anziehend und liebenswert für die männlichen Bewunderer des *fin de siècle* machte? Im übrigen, es ist alles schon einmal dagewesen. Ein Reichspatent von 1891 schützt durchsichtige Kleidungsstücke aus »Geweben von gesponnenem Glas, Glimmer, Zelluloid oder lackierter und unlösbar gemachter Gelatine, wodurch dem Licht freier Zutritt zur Haut gewährt werden soll. Andererseits kann jedoch eine Anzahl Glühlichter zwischen der Oberkleidung und der netzartigen bzw. durchsichtigen Unterkleidung angeordnet werden«. Durchsichtige Kleidung ist für die Gegenwart, die Kleidung auf ein Minimum reduziert, kein Problem. Illuminierte Frauen aber, die sozusagen als Weihnachtsbäume einherwandeln, hätten eine Attraktion werden können, wären die Frauen nur dafür zu gewinnen gewesen. Sie nahmen von dem Unfug keine Kenntnis. So ist der Erfinder um den erwarteten gigantischen Triumph gekommen. Leopoldine Springschütz (Wiener Mode im Wandel der Zeit. Wien 1949) berichtet von der Erfindung eines Schneidergesellen August Pils: »Er inserierte 1833 in der ›Wiener Zeitung‹, daß seine Patentmieder bey Übelwerden der Dame mittels Anziehen einer kleinen, am Busen angebrachten Schleife augenblicklich und ohne Benötigung einer fremden Hand vom Leibe fallen.« Fortan konnte sich kein junger Verehrer mehr ohne Ängste seiner Angebeteten nahen. Ein Ziehen an der Schleife, und er befand sich im Himmel oder in der Verdammnis. Ach – und wenn dergleichen im Ballsaal geschah?

Doch auch die Gegenwart wollte mit fruchtbaren Gedanken nicht zurückstehen. Wir lasen in der Werberundschau (Stuttgart, 1961/43): »Neu in Damenwäsche ist das ›Fernsehmieder‹, das, wie die amerikanische Wäscheindustrie ausführt, unter durchscheinenden, dünnen Oberstoffen getragen werden soll und in Schwarz, Dunkelblau, Rot, Grün, Gelb durchleuchtet. Es soll dem Fernsehen eine besondere gesellschaftliche Note geben.« Ist Fernsehen ein gesellschaftliches Ereignis? War es das, als die Nachbarn beim glücklichen Besitzer eines Fernsehgerätes mitsahen? Die Wirklichkeit scheint anders gewesen zu sein.

Eine illustrierte Zeitung berichtete 1933: »Das Erstaunlichste jedoch war für die Bartbewunderer die Tatsache, daß das ›Geweih‹ an den beiden breit ausgezogenen Enden steif und fest hochstand, ohne daß man etwa ein eingebautes Trägerwerk bemerkt ... auch die damals weitverbreitete Bartbinde lag da, in einer besonders komplizierten Form, vermutlich einer Spezialkonstruktion. Natürlich mußte dieser Mann auch, wenn er seinen Kaffee trank, eine ›Barttasse‹ benützen. Das waren diese merkwürdigen, schalenmäßig verbreiterten Tassen, an denen sich oben ein gewölbter Quersteg befand, in den sich der Bart beim Trinken sanft hineinbettete, so daß er nicht naß wurde und sich keine Krümel in ihm verfingen.« Seit langer Zeit hat sich kein Mensch diese lächerliche Tasse vorstellen können. Es ist uns auch nicht bekannt geworden, ob damit ein ökonomischer Erfolg erzielt worden ist. Heute drängt sich die Frage mit peinlicher Intensität auf, ob nicht die jungen Rauschbärte einer solchen Hilfe recht bedürftig wären.

Im Jahr 1952 berichteten verschiedene Zeitungen, daß in Amerika Gummimasken mit den Gesichtern von Publikumslieblingen zu kaufen waren. Jede Frau konnte sich so mit Hilfe der Gummimaske das Gesicht der Marlene oder eben das *ihres* Filmstars aneignen. Im Grunde ist das kaum zu glauben. Aber selbst wenn die Geschichte nicht wahr sein sollte, würde sie doch erschreckende Ausblicke in die Zukunft liefern.

Und 1951 berichtete die »Fachdrogerie« (Nr. 24): »In den Vereinigten Staaten ist es jetzt fast so weit gekommen, daß die Mädchen mit scharfen Augen bedauern, keine Brillenträgerinnen zu sein. Als neueste Idee sind parfümierte Brillen auf den Markt gekommen. An beiden Enden des Stegs sind kleine, wattegefüllte Hohlräume eingebaut, fast schon mikroskopisch klein, so daß das Ungewöhnliche nicht auffällt. Taucht man die Stegspitzen in ein Parfümfläschchen, hält sich der Duft für Stunden. Die Brillen werden mit verschiedenfarbigen Rahmen in Blau, Rosa, Grün, Violett, Gelb und Schwarz verkauft.«

Wenige Jahre später (Textil-Revue, 12. 3. 1958) werden duftende Kleider angeboten: »Ein Pariser Modesalon näht auf Wunsch der Kundinnen in die Nähte seiner Kleider und Mäntel eines von 48 zur Auswahl stehenden Trockenparfüms ein. Der Rosenduft soll bis zu drei Jahren vorhalten, während Veilchen schon nach zwei Jahren und Narzissen nach einem Jahr ausgeduftet haben.« Auch von diesen Duftangeboten in Brillen und Kleidern scheint wenig Gebrauch gemacht worden zu sein.

Zu den Requisiten der Zeit unserer Großeltern zählt das Herrenjournal (Berlin, Januar 1965) die Hutklammer. Sie hat nicht lange existiert. »Vier Jahrzehnte etwa – roh geschätzt von 1895 bis 1935.« Nach unserer Meinung ist dieser Zeitraum nicht so groß gewesen. In Wahrheit hat ihr der junge Wandervogel ein Ziel gesetzt. Er brauchte keinen Hut, also auch keine Klammer. Und der Bürger mit dem Schnurrbart »Es ist erreicht«, dem Kneifer und der Hutklammer ist in den Gewittern des ersten Krieges untergegangen. Die besagte Klammer war »schlicht und einfach. Sie erleichterte dem Mann die Umstellung von einer Freiluftsitte zur anderen, sie ist niemals in die Salons vorgedrungen und war darum stets aus schlichtem Material gefertigt. Sie bestand einfach aus einem Ringlein, das sich um den Knopffaden der Weste oder des Mantels fügen ließ, und aus einer Klammer mit Feder, wie man ihn oft bei Vorhängen benutzt. Auf Druck geht er auf, ohne Druck krallt er sich wieder zusammen.« Der Schreiber erinnert sich deutlich, den Strohhut an der Klammer nicht nur bei seinem Vater, sondern auch bei seinem Klaßlehrer gesehen zu haben. Damals lachte er schon über das gar würdige Gehabe der Männer; denn er gehörte zu jener Jugend, die der Klammer und dem Strohhut und dem Kneifer wie anderen wichtigen Requisiten den Untergang bereitete.

Für das hier abgehandelte Thema ist wichtig, daß Klammer und Kneifer zu Erfindungen wie den geschilderten gezählt werden dürfen, aber im Gegensatz zu ihnen zur Mode wurden und eine entsprechend weite Verbreitung fanden. Sie wurden ernstgenommen, aber als ihre Zeit vorbei war, versanken sie im Dunkel der Vergessenheit. Für den Nachgeborenen sind sie willkommener Anlaß zur Heiterkeit. Ein Objekt der Erfindung ist im besonderen der Schirm. Durch stetig neue Erfindungen ist er durch Jahrtausende immer wieder den gewandelten Verwendungszwecken und Anforderungen angepaßt worden. Stets konnte er der jeweils herrschenden Mode Genüge tun. Die Großen der

Welt brauchten den Schirm, damit ihre Magie vor allem Volke sichtbar werde. Der Schirm zeigte den Rang an, er wurde zum Requisit der Damen des 18. Jahrhunderts, im frivolen Spiel der Liebe und Ablehnung. Langsam tritt neben den Schirm, der vor Regen und Sonne schützen soll, das Attribut des Luxus. Seine Größe, sein Dach geben der Phantasie der Mode freie Bahn. Mag der Schirm noch so klein oder groß sein, die bürgerliche Gesellschaft spricht ihm bis heute den *rationalen* Nutzen zu und verbindet damit den modischen Effekt, wo immer dies möglich ist. Die Technik dringt in die Mode ein, ja, macht sie da und dort erst möglich. Aus kultischem, repräsentativem Gerät wird ein nüchternes Schutzdach, ohne alle Schönheit, bauernhaft, primitiv, und steigt auf zu Ansehen. Aus der Kuriosität wird Mode, immer neue Gestalt annehmend und stets dabei, vom Morgen bis zum Abend.

Immer wieder werden Kuriositäten für einen Augenblick am Modehimmel schimmern und niemals lebendig werden können. Und immer wieder wird aus Kuriosität unerwartet geliebte Mode werden.

## Zur Geschichte der Sterbekassen

### Ein Dokument aus Familienbesitz

Über eine Nürnberger Feuersozietät, die 1762 von der Patrizierfamilie Kress von Kressenstein angeregt und verwirklicht werden konnte, hat an Hand der in meinem Besitz befindlichen Originaldokumente 1968 Hanns Linhardt berichtet*. Nun soll die Wiedergabe des ebenfalls in meinem Besitz befindlichen Dokuments der Geschichte und Satzung der »Leichen-Gesellschaft« des »Löbl. Drechsler-Handwercks« zu Nürnberg vom 9. August 1773 folgen. Zwar gehen sowohl die Brand- als auch die Lebensversicherung bis in das Altertum zurück und lassen sich von da an aufsteigend das ganze Mittelalter hindurch verfolgen. Aber erst im 18. Jahrhundert, und von da bis in unsere Zeit hinein, läßt sich die gewaltige Entfaltung des Versicherungswesens eindeutig verfolgen. Die beiden angeführten Versicherungsformen gehören nicht nur in die älteste Zeit, sondern sie ragen in unser Zeitalter in der ursprünglichen Form einer Art genossenschaftlicher Zusammenschlüsse hinein. Bemerkenswert ist dazu, daß sich Sterbe-, Witwen-, Waisen-, Aussteuerkassen auffällig oft auf die Vereinigung der Angehörigen eines bestimmten Berufes beschränken. Darin mag ein Grund für ihr langsames Absterben zu suchen sein. Die Brandversicherung dagegen scheint von Beginn an dieses Organisationsprinzip nicht gewählt zu haben. Immerhin – die zuerst genannten Kassen haben solange gelebt, wie die Berufe lebten, denen sie zugehörig waren. Das Industriezeitalter hat viele Handwerke sterben lassen. Ihre Kassen bestanden ebensolange, wie es so viele Handwerke gab, die noch in der Lage waren, im Todesfall eines der Ihren die festgelegte Umlage aufzubringen. So weist das Nürnberger Adreßbuch von 1881 noch 200 Drechslermeister aus. Als um 1927 oder 1928 die Drechslerkasse nach über 150 Jahren ihre Wirksamkeit be-

* Hanns Linhardt: Interessante wirtschaftsgeschichtliche Dokumente aus Familienbesitz. Jahrbuch der Absatz- und Verbrauchsforschung, Nürnberg 1968, S. 284 ff.

schließt und in einer großen Versicherungsgesellschaft aufgeht, kann man die Zahl der Meister und Mitglieder der Kasse an den fünf Fingern einer Hand aufzählen. 200 Mitglieder hätten die in der ersten Satzung festgelegten Leistungen noch bestreiten können, die von 1928 aber nimmermehr. Mir fiel die Liquidation zu. Ich möchte daher nicht verschweigen, daß ich von Tat und Gesinnung der Gründer sehr beeindruckt wurde. Ein Familienglied gehörte mit Vätern und Vorvätern dem Handwerk an. Es führt zuletzt bis zur Auflösung als der »geschworene Meister« die Geschäfte der Kasse ... In seiner Familie sind die Gründungsurkunden aufbewahrt worden. Einer seiner Vorfahren gehörte den Gründern an und war somit auch eines der ersten Mitglieder. Den letzten Meister der Familie mußte die Auflösung hart ankommen.

Der Text der Titelseite ist von weitschweifiger, barocker Umständlichkeit: Sehr stark ist die Mischung von rationalem, diesseitigem Wollen und glaubensmäßig religiösen Bezugnahmen. Es ist nicht ganz leicht, sich dafür zu entscheiden, ob die »gottseligen Gedanken« in der evangelischen Stadt einem echten Glaubensbedürfnis entsprangen oder doch nur als ein gutes Mittel zum Zweck verwendet wurden. Es bleibt, daß Glaube und Kirchenzucht die Gesellschaft und ihr Tun noch in einer Weise beeinflußten und durchdrangen, die sich der Mensch am Ende des zweiten Jahrtausends kaum noch vorstellen kann. So mag es verständlich sein, daß nach einer Geschichte der »Leichen-Gesellschaft« eine biblische Betrachtung nach Lukas 23, 46 folgt: »Vater, meinen Geist befehle ich in Deine Hände.« Der Verfasser des gesamten Dokuments, der Drechslermeister Daniel Keilpflug, muß ein kluger und welterfahrener Mann gewesen sein. Immer im Stile der Zeit legt schon das Titelblatt Zeugnis für ihn ab:

        Die
        Gottgefällige Eintracht rechtschaffener Christen
        im Leben und im Sterben;
        oder
        Christlöbliche
        Leichen-Gesellschaft
        welche bemühet ist, noch in der Zeit
        für ihr und ihrer
        in Christo geliebtesten Mitglieder
        geistliches und leibliches Wohl, Nutzen und Bestes,

das ist:
für Grab und Seele zu sorgen;
Ernstlich erwogen,
mit Genehmhaltung und der drey geschworenen Meister dieser Zeit,
als:
Johann Hammer
Johann Jobst Schmaeler
und
Johann Martin Fickert,
auch anderer Christlichen Mitmeister
des Löbl. Drechsler-Handwercks,
demselben, und der Nachwelt zum Besten
aus wahrer Liebe, wohlmeynend aufgerichtet
von
Daniel Keilpflug
als Mitmeister des gedachten Handwercks.
Nürnberg, den 9. August 1773
Gedruckt bei Georg Friedrich Six.

Als eine Art Präambel setzt der Verfasser einen Spruch in gebundener Sprache an den Anfang. Wieder steht das Seelenheil im Vordergrund. Der gläubige Christ wird aufgerufen. Die Zeilen muten an wie ein Gesangbuchvers, wenn nur nicht in der letzten Zeile die Sorge für das Grab aufgerufen würde. Ein Lied mit dem folgenden Text habe ich nicht gefunden. Ein Fachhistoriker, der ich nicht bin, könnte wohl schlüssige Beweise dafür finden oder meiner Annahme beipflichten, Keilpflug als den Verfasser anzusehen, der sehr geschickt für seine Gedanken zu werben verstand. Der Vorspruch wirbt am besten für sich selbst:

        Gottselige Gedanken
Ein echt und wahrer Christ denkt an die letzte Stunde,
Eh' ihn des Würgers Hand des Lebens Faden reißt;
Er führt zu seinem Wohl die Losung stets im Munde:
In deine Händ' befehl ich dir, HERR! meinen Geist.
Der Tod ist ja gewiß, es sey heut oder morgen,
Drum laß uns in der Zeit vor Grab und Seele sorgen.

Die nun folgende    Historische Nachricht
                            von dem Anfang und Fortgang
                            dieser Leichen-Gesellschaft
                            unseres Drechsler-Handwercks

beschreibt in Einzelheiten die von Keilpflug ausgegangenen Anregungen und den Gründungsvorgang vom 20. Mai 1773. Es ist bemerkenswert, daß am »8. November 1773« bereits 140 Mitglieder gezählt wurden. Es folgt die ausführliche Erklärung der Satzung. Auch geht er auf offenbar lautgewordene Meinungen ein, daß die festgesetzten Leistungen viel zu gering seien. In seiner Äußerung findet sich der alte genossenschaftliche Gedanke des »Einer für alle und alle für einen« recht deutlich wieder:

»Weil wir denn nun nicht alle reich und begütert seyn können, indem Gott Reiche und Arme untereinander verordnet hat, so ist ganz richtig, daß manchem Mitgliede, das bey geringen Mitteln ist, bey dem Absterben seines Ehegatten oder der Seinigen, da mancher ohnedem in betrübte und mißliche Umstände versetzt wird, ein solches Geld, ob es gleich nach einiger Meynung nicht viel ist, als dennoch sehr wohl zustatten kommen muß; Und ein mehr geseegnetes und wohlbemitteltes Mitglied, daß ein solches Geld eben nicht nöthig hätte, hat neben dem Nutzen und Profit, noch überdies den Trost und das Vergnügen davon, daß er dieses geringe Werk, nicht nur nicht gehindert, sondern dasselbe zum Nutzen und Dienst des Nächsten, vielmehr hat befordern helfen, und durch seinen Beytritt behülflich dazu gewesen ist.«

In seinen Anregungen zur Gründung der Leichenkasse schreibt Keilpflug, »daß in vielen berühmten Städten die Einrichtung sey, daß die Bürgerschaft, theils untereinander, theils aber auch große Zünfte und Handwercker vor sich alleine, eine sogenannte Leichen-Gesellschaft oder Leichen-Cassa aufgerichtet hätten«. Er weist darauf hin, daß das Nürnberger Schuhmacher- und Schneiderhandwerk »bereits vor einigen Jahren« solche Leichen-Kassen gegründet hätten. Den boshaften und höhnischen Spöttern und die aus »übertriebenem Hochmuth ihr Maul gerümpfet haben«, widmet er noch einmal einen ganzen Abschnitt. In seiner Antwort spart er nicht mit starken Worten. Die Widerstände gegen die Gründung müssen offenbar keine geringen gewesen sein. Das Kapitel wird wiederum mit einem frommen Wort beschlossen: »Der Grundgütige Gott, wolle selbst seine Gnade und seinen Segen dazu verleihen, und dieses geringe Werk ihm in Gnaden wohlgefallen lassen, dasselbe in seinen allmächtigen göttlichen Schutz nehmen, und vor allen widerwärtigen Zufällen und Unglück gnädigst bewahren. Auch alle und jede itzige und zukünftige werthgeschätzte Mitglieder, dieser unserer Leichen-Gesellschaft, in beständiger guter Eintracht erhalten, daß Sie dieses geringe Werk beständig fortsetzen; insonderheit aber die jedesmahligen Executores und Beysitzer, dasselbe mit aller möglichen christlichen Treue, und ohne Eigennutz verwalten mögen. Er wolle auch einen jeden insonderheit bey dauerhafter Gesundheit und geseegneten Wohlstande, bis an das, einem jeden von Gott gesetzten Lebensziel, nach seinem heiligen Willen gnädigst erhalten, und uns allesamt, am Ende unseres Lebens, auch das Ende unseres Glaubens, davon bringen lassen, nemlich der Seelen Seeligkeit.«

Sodann wird beschlossen, von der »Historischen Nachricht und folgenden geistlichen Betrachtung nebst denen Articuln« eine Anzahl drukken zu lassen, um damit »einigen Liebhabern zu dienen«. Eines dieser gedruckten Stücke liegt dem Berichterstatter vor. Auf der letzten Seite findet sich noch ein kleines Kapitel: »Beschluß«. Da sagt Keilpflug, wie gut und löblich es wäre, wenn auch eine Kranken- oder Witwen- und Waisenkasse geschaffen würde. Und wieder setzt er am Schluß auf den Segen Gottes. Er würde »nach seiner Verheißung solche christliche Nächstenliebe, gewiß auch nicht unbelohnet lassen, sondern diejenigen, die dergleichen nützliche und löbliche Einrichtung zu machen, und zu befördern belieben wollen, an Seel und Leib, zeitlich und ewig davor seegnen«.

Die gedruckten Satzungen werden zu einem Werbemittel ausgebaut, wie der Hinweis auf der letzten Seite auf die Möglichkeit anschließender neuer Kassen eben schon für diese werben soll. Schließlich sind die biblischen Betrachtungen und die naive Verwendung des Segens Gottes und der Hinweis auf den Segen hier und dort recht handfeste Methoden der Werbung. So wenig sie heute denkbar wären, so gut passen sie in das Lebensgefühl und die Gottesvorstellung des 18. Jahrhunderts. An dieser Stelle soll nur festgehalten werden, daß bereits in dieser Zeit recht gut geworben werden konnte. Mit ähnlichen Losungen, die die Mithilfe Gottes in Anspruch nehmen, werden ja auch die Geschäftsbücher jener Zeit versehen. Und ebenso unbefangen wird auch dort die Bitte um Mehrung des Profits ausgesprochen.

Der Verfasser vergißt auch nicht, sich selber gebührend als rechtschaffenen Mann vorzustellen. Er braucht Vertrauen und er will auch nicht den Anschein erwecken, als wolle er mehr sein als die Mitglieder. Er

empfiehlt sich daher zum Beschluß dem »allseitigen, gütigem Wohlwollen, und geneigten Angedenken. Mit herzlicher Bitte: mit dieser meinen geringen Arbeit, als ein Zeichen der wahren Liebe und Zuneigung, gegen dieselben, gütigst vorlieb zu nehmen, und dasjenige, was etwa, wegen der menschlichen Schwachheit, Mangel- oder Fehlerhaft dabey seyn mögte, in christliche Liebe, gütigst zu entschuldigen, oder zu verbeßern. In dieser ungezweifelten Hofnung, verbleibe ich bis in den Tod Denen allerseits Werthgeschätzten Mitgliedern Dienstergebenster
Daniel Keilpflug.«

Eines Weissgärbers, Daniel Keilpflugs Sohn, geboren zu Gollno an der Ilma in Pommern, Anno 1715, den 16. December. Die Drechsler Profession gelernt, in Stettin, als der Haupt-Stadt in Pommern. Allhier in Nürnberg, Burger und Meister geworden, Anno 1741, den 3. October. Verheyratet und Hochzeit gehalten, den 13. November erstgedachten 1741sten Jahrs, mit Frau Johanna Susanna Bezin, als des Meisters Andreas Bez, seel. hinterlassenen Wittwe.

Gott allein die Ehre!

Erst jetzt folgt die Bekanntmachung der Satzung. Sie wird als »ein beständiges Gesetz« gekennzeichnet. Jeder, insbesondere die Verwaltung, ist gehalten, sich ohne Abweichung danach zu richten. Das Gesetz gilt auch für »alle zukünftigen werthgeschätzten Mitglieder und christlicher Nachkommenschaft«. – »So können wir uns die gewisse Hoffnung machen, dass, wenn wir längst vermodert und zu Asche geworden sind, unser Angedenken, hierdurch, noch bey der lieben Nachwelt, grünen und bey manchem christlichen Gemüthe, annoch einige gute Gedanken und Betrachtungen, bey einer stillen Überlegung erwecken wird.«

Die Satzungen werden nun im ganzen Wortlaut gebracht. Trotz ihrer naturgemäß umständlichen barocken Fassung kann sie jedes einfache Gemüt verstehen. Nicht von allen Versicherungen unserer Zeit läßt sich dies behaupten. Mindestens die umfangreichen Versicherungsbedingungen nehmen erschreckend viel Raum ein, und im Verhältnis nur wenige lesen sie so aufmerksam, wie es erforderlich wäre:

Articul 1.

Es soll zu der Aufrichtung einer Leichen-Cassa, unseres Drechsler-Handwercks, vorher ein benöthigtes Capital, folgendermassen gesammelt werden: Eine jede Person, es sey ein Meister, Meisters-Frau, Sohn oder Tochter, die an dieser Leichen-Cassa Theil haben will, und sich dazu einschreiben lässet, soll anfänglich, zur Bestreitung der Unkosten, nemlich: ein Cassa, und die benöthigten Bücher anzuschaffen, 12 kr. so dann noch ein Jahr lang, alle Woche, 2 kr. das ist 1 fl. 44 kr. und zuletzt, am Ende des Jahrs, vor den Cassa-Schein – 4 kr. und also in allem – 2 fl. geben. So ferne aber ein Mitglied in diesem Sammlungs-Jahr stirbt, so sollen dessen Erben weiter nichts, als nur des Verstorbenen eingelegtes Geld wieder zurück bekommen. Dieses Sammlungs-Jahrs soll anfangen, den 16. August dieses 1773sten Jahrs.

Articul 2.

In dem nächstfolgenden ersten Jahr, und allen folgenden Jahren, soll eine jede Person, Zeit Lebens, wöchentlich nur 1 kr. geben. Dagegen wenn ein Mitglied in dem nächstfolgenden ersten Jahr stirbt, wenn es auch den ersten Tag in diesem folgenden ersten Jahr wäre, so sollen dessen hinterbliebener Ehegatte, oder dessen Erben, so gleich zwölf Gulden, den Gulden zu 60 kr. gerechnet, aus der Cassa erhalten. Und alle Jahr, soll diese Beysteuer mit 2 fl. vermehret werden; so dass man im andern Jahr 14 fl. im dritten Jahr 16 fl. im vierten Jahr 18 fl. und so fort an, all Jahr 2 fl. mehrers bekommt, und solchergestalt soll es im 20sten Jahr bis auf 50 fl. steigen. Was aber über 20 Jahr, und über 50 fl. gehet, dass soll alle Jahr nicht mehr als nur um 1 fl. steigen, jedoch Zeit Lebens fortwähren; so dass man im 21sten Jahr 51 fl. im 22sten Jahr 52 fl. im 23sten Jahr 53 fl. folglich im 30sten Jahr 60 fl. im 40sten 70 fl. im 50sten Jahr 80 fl. und so fort an bekommt. Der wöchentliche 1 kr. aber muß auch Zeit Lebens fortgegeben werden. Dieses AuszahlungsJahr fängt sich an den 16. August Anno 1774.

Articul 3.

Es soll eine Lade oder Cassa, mit dreyen verschiedenen Schlössern und Schlüßeln, wie auch ein Buch angeschafft werden, um das Geld in der Cassa zu verwahren, wozu der andere Executor und die zwei Beysitzer, ein jeder einen Schlüßel in Verwahrung haben soll. Die Cassa selbst aber, soll beständig auf der Herberge, und also dermahlen, bey der verwittweten Frau Christina Lochnerin, als Herbergs-Mutter, in guter Verwahrung seyn. Und in obgedachtes Buch, sollen diese Articul einverleibt, und alle Mitglieder, ordentlich mit ihrem Tauf- und Zu-Nahmen, eingeschrieben, auch die Jahrzahl, und der Monaths-Tag, wenn ein jeder sich hat einschreiben laßen, ingleichen wann er verstorben, als dann dazu gesetzt werden.

### Articul 4.

Ein jeder, der sich zu dieser Leichen-Cassa einschreiben läßet und seine 2 fl. richtig, das Jahr hindurch beygetragen hat, soll so dann, einen zu dem Ende gedruckten Schein erhalten, welcher mit dem eigenen Cassa-Siegel besiegelt, und von denen zweyen Executores, und zweyen Beysitzern, unterschrieben seyn soll. Auch soll die Nummer der Person, und das pagina, auf welchem Blat oder Seite der Nahme der Person in dem Buche stehet, ingleichen die Jahrzahl und der Monaths-Tag wann die Person sich hat eingekauft oder einschreiben laßen, auf besagten Schein, ausdrücklich dabey notirt seyn.

### Articul 5.

Die wochentliche Steuer, soll durch einen dazu verordneten Meister, der auch ein Mitglied von der Gesellschaft seyn soll, alle 4 Wochen ordentlich eingesammlet und abgeholet werden, und bey der Monathlichen Zusammenkunft, derer zweyen Executores und zweyen Beysitzern, überliefert, von denenselben ordentlich berechnet, und in die Cassa gelegt, und jederzeit richtig eiigeschrieben werden Der zur Einsammlung der Steuer verordnete Meister, soll vor seine Bemühung, eine billige Erkänntlichkeit alle Jahr oder alle Viertel Jahr erhalten.

### Articul 6.

Es sollen die sämmtlichen Mitglieder, unter sich, 4 Meister als Vorsteher dieser Leichengesellschaft erwählen als: Erstlich, den jedesmahligen ältesten Geschwornen Meister, als vordersten Executor. 2. Einen im Geschwornen-Amt schon gestandenen alten Meister, als andern Executor. 3. Einen mittleren Meister, als ältesten Beysitzer. Und 4. einen jüngern Meister als jüngern Beysitzer. Welche 4 Meister, ein jeder ein ganzes Jahr hindurch, der Leichen-Cassa umsonst vorstehen, und die dabey vorkommende Bemühungen, (ohne der Cassa nur die geringsten Unkosten, durch eigene Zehrung zu verursachen,) über sich nehmen, und mit aller möglichen christlichen Treue verwalten sollen. Unter welchen 4 Meistern und Vorstehern, auch allezeit einer, so ferne es möglich ist, die dabey nothwendige Schreiberei umsonsten verrichten soll. Oder, soferne es nicht möglich ist, so soll auf Guthbefinden ein eigener Meister und Mitglied, so solcher Schreiberey erwählet werden, und soll derselbe vor seine Mühe, so dann auch eine billige Erkänntlichkeit erhalten. Sollte aber mit der Zeit ein ältester Geschworener seyn, der kein Mitglied von der Cassa wäre, und daher auch kein Executor werden wolte; so soll der mittlere oder jüngste Geschworener, oder ein anderer alter Meister dazu erwählet werden.

### Articul 7.

Diese 4 Vorsteher, sollen alle 4 Wochen, auf der Herberge zusammen kommen, und die von dem dazu verordneten Meister eingesammelte 4 wochentliche Steuer einnehmen, ordentlich berechnen, die Summa auch in ein eigenes Buch einschreiben, und das Geld in die Cassa legen, auch allezeit, über die vorgefallenen Ausgaben und Einnahmen richtige Rechnung halten.

### Articul 8.

Alle Jahr sollen 4 Quartal-Rechnungen gehalten werden. Die erste soll um Walburgi gehalten werden, wobei der vorderste Executor allezeit ab – und der älteste Geschworner wieder an deßen Stelle ankommen soll. Die andere soll die jährliche Haupt-Rechnung seyn, und soll um Laurenzi im Monath August gehalten werden, wobey alle Mitglieder von der Meisterschaft, denen es beliebt, erscheinen, und der Rechnung mit beywohnen können, und wobey der andere Executor ab- und ein anderer wieder ankommen soll. Die dritte Quartal-Rechnung soll um Allerheiligen gehalten werden, wobey der ältere Beysitzer ab- und ankommen soll. Die vierte soll um Lichtmeß sein, wobei der jüngere Beysitzer ab- und ein anderer ankommen soll. Damit also ein jeder, nach und nach, die Einrichtung, und die vorfallenden Umstände, desto beßer einsehen lerne, und die ersten denen letztern bekannt machen können. Wann aber ein Executor einige Jahre, oder auf Ersuchen der sämmtlichen Mitglieder, wol gar Zeit Lebens beständig dabey bleiben könnte, so könnten sie einen solchen Mann, mit dem die Cassa versehen wäre, dazu erwählen, und würden die oft sehr verschiedenen Umstände Ihme desto beßer bekannt werden, und er würde so dann auch die andern desto besser unterrichten können. Der vorderste Executor soll durch den, zu der Einsammlung der 4 wochentlichen Steuer verordneten Meister, allen und jeden Mitgliedern von der Meisterschaft ansagen lassen, welchen Tag die jährliche Haupt-Quartal-Rechnung gehalten werden soll, damit sie dabey erscheinen können.

Articul 9.

Es sollen niemals weniger als 4 Meister oder Mitglieder bey Eröfnung der Cassa zugegen seyn. Dahero soll kein Executor oder Beysitzer eine Quartal- oder Monath-Rechnung, ohne erhebliche Ursache verabsäumen. Es soll ihm auch nicht erlaubt seyn, den Schlüßel durch andre Personen zu überschicken. Sondern so ferne er Krankheit — oder anderer wichtiger Ursachen halber, dabey nicht erscheinen könnte, so soll er verbunden seyn, einem andern Meister und Mitglied, den Schlüßel zu übergeben, selcher an seiner Statt der Rechnung mit beywohnen, hernach aber den Schlüßel dem rechtmässigen Executor oder Beysitzer wieder einhändigen.

Articul 10.

Es soll niemand seine 4 wochentliche Steuer zu lange schuldig bleiben, sondern so ferne einer vor Verfließung der andern 4 Wochen nicht bezahlt, so soll er bei der nächsten Quartal-Rechnung ausgestrichen werden, und sein bisher gelegtes Geld fällt der Cassa heim.

Articul 11.

Es soll auch niemand erlaubt seyn, seinen Cassa-Schein oder sein eingelegtes Geld zu verpfänden, zu verhandeln, oder eine Schuld darauf zu verweisen; indem solches in keinerley Weyse gültig seyn, und keinem andern, als den rechtmässigen Erben, etwas ausbezahlt werden solle.

Articul 12.

So bald ein Todes-Fall bey einem Mitglied vorgehet, so soll der hinterbliebene Ehegatte oder Erben, solches sogleich dem vordersten Executor anzeigen, und den in Händen habenden Cassa-Schein vorweisen. So dann soll der Executor, seinen Mit-Collegen und die 2 Beysitzer, sogleich um eine bestimmte Stunde, auf die Herberge beruffen lassen, und miteinander die Cassa eröffnen, den Cassa-Schein, von dem dato an, da derselbe ausgestellet worden, und der Verstorbene sich eingekauft, nachrechnen, und wie im andern Articul bestimmt ist, vor das erste Jahr 12 fl. vor das andere Jahr 14 fl. vor das dritte Jahr 16 fl. und so fortan, vor jedes Jahr 2 fl. mehrers, bis in das 20ste Jahr 50 fl. Was aber über 20 Jahr, und über 50 fl. gehet, vor jedes Jahr nicht mehr als nur einen Gulden aus der Cassa nehmen, und solches Geld, sollen zwey von denen 4 Vorstehern selbst dem hinterbliebenen Ehegatten oder Erben, zu seinem willkührlichen Gebrauch, ohnentgeldlich, und ohne die geringsten Unkosten, einhändigen, wenn sie vorher, von dem würlich erfolgten Todes-Fall, genugsame Versicherung haben, damit sie nicht hintergangen werden können. Dagegen aber sollen sie, von dem Empfänger den Cassa-Schein eigenhändig unterschreiben lassen, und den unterschriebenen Schein, bei ihrer nächsten Zusammenkunft wieder in die Cassa legen. Das ausbezahlte Quantum aber, sollen sie, als eine Ausgabe, in das Rechnungsbuch ordentlich einschreiben, und in dem grossen Cassa-Buch soll bey des Verstorbenen seinem Nahmen, die Jahrzahl und der Monatstag, wenn er verstorben ist, notirt werden, wie zu Ende des dritten Articuls verordnet ist. Die Unterschrift ist von denen Erben, unter den Cassa-Schein, kan unmassgeblich diese seyn: Mit Dank erhalten,,

      fl.      kr.      Anno      NN.

Die von dem Verstorbenen, nun erledigte Nummer, soll so dann derjenige wieder stehen, der sich am ersten, bey der Cassa wieder einschreiben lässet, damit nicht mehr Nummern entstehen, als Personen sind.

## Articul 13.

Sollte es sich zutragen, dass einer sich etwa, um irgend einer Ursache willen, von dieser Leichen-Gesellschaft, wieder abfordern und sein eingelegtes Geld zurück verlangen wolte, so soll man ihm nicht mehr, als die Helfte seines eingelegten Geldes, wieder heraus geben; indem es billig ist, dass er die Zeit über, die er bey der Cassa mit einverleibet gewesen ist, auch die Ausgaben und Unkosten mit tragen helfen muß; weil im Gegentheil, wenn er gestorben wäre, seine Erben auch den Nutzen gezogen hätten. Und seinen Schein soll er unterschreiben, und soll derselbe wieder in die Cassa gelegt werden. So ferne aber von zwey Eheleuthen, eines schon gestorben wäre, und der hinterbliebene Theil, wolte sich etwa von der Cassa abfordern, dem soll man gar nichts herausgeben, weil man vor den Verstorbenen, schon mehr ausbezahlt, als er eingelegt hat, und den Schein soll er ebenfalls zurück geben. Auch soll es gar nicht statt haben, wenn eine Person abtretten, und einer andern sein Recht überlaßen wolte.

## Articul 14.

Diejenigen Personen, die sich in das Zukünftige, auch bey dieser Leichen-Cassa einkaufen, und einschreiben lassen wollen, müßen gleichwie die ersten, laut des ersten Articuls, auch ein jeder mit 2 fl. sich einkaufen; und wenn solche 2 fl. miteinander bezahlt werden, so muß der Schein, sogleich von dem dato an, dagegen ausgestellet – und das bestimmte Leichen-Geld, auch von dem dato an, gerechnet werden. Solten aber einige Personen sich finden, die zu ihrer Erleichterung besagte 2 fl. auf 2 3 oder 4 mahl geben wolten, so kann es auch geschehen, soferne die Personen von unserem Handwerck sind; Doch so, dass der Schein nicht eher ausgestellet werde, als bis das letzte an denen 2 fl. gar bezahlt ist. Und wenn eine solche Person stirbt, ehe das letzte an denen 2 fl. gar bezahlt ist, so bekommen die Erben nicht mehr, als nur das eingelegte Geld wieder zurück, laut des besagten ersten Articuls. Übrigens aber, geben diese Personen, wenn die 2 fl. vorher bezahlt sind, von dem dato an, ein jeder, wochentlich auch nur einen Kreutzer. Und von der ersten Allerheiligen-Quartal-Rechnung an, das ist vom 8. November dieses 1773sten Jahres, sollen alle fremden Personen außer unserem Handwerck, ein jeder, ohne die 2 fl. Einkaufsgeld, noch 1 fl. extra in die Cassa geben, weil sie der vorkommenden vielen Bemühungen und Zeitversäumniß, in Verwaltung der Cassa überhoben sind. Man soll auch insonderheit darauf sehen, daß man keine fremden Personen ausser unserem Handwerck annehme, so schon ziemlich kränklich oder alt sind.

## Articul 15.

Solten endlich die Zeiten und Umstände dergestalten sich verändern, dass die zukünftigen Mitglieder der lieben Nachwelt, sich genöthiget sehen wurden mit dieser Leichen-Cassa auch eine Veränderung vorzunehmen; So soll jedoch keine andere Veränderung statt haben, oder vorgenommen werden, als eine solche, die zur Verbesserung und beständigen Erhaltung der Cassa dienlich und beförderlich ist, welches ihnen zu ihrer christlichen Einsicht hiermit überlaßen und vorbehalten bleibt. Eine dergleichen Veränderung und Verbeßerung, könnte zum Exempel diese seyn: Wenn durch die Länge der Zeit, das Capital, durch göttlichen Seegen, sich so reichlich vermehren, und über 2 bis 2000 fl. sich belaufen solte, so können sie alsdann am besten einsehen, (da wir dermahlen, so weit in die Zukunft, solches nicht einsehen können,) ob es möglich ist, und sich thun lässet, daß die Cassa dennoch dabey bestehen könne, wenn man das Leichengeld einstens auch Zeit Lebens, alle Jahr mit 2 fl. steigen laßen wolte? Denn es wäre beßer, (und ist eigentlich die Hauptabsicht von der Einrichtung dieser Cassa, den Nutzen und Vortheil der Mitglieder zu befördern:) wenn sie sich den Seegen und Vortheil, untereinander gemeinschäftlich, lieber selbst zuwenden und genießen laßen, als wenn sie das Geld auf Interessen ausleihen wolten, und mit der Zeit einen bösen Schuldner, oder wol gar nichts mehr von dem Capital zu bekommen. Solte aber dadurch die Cassa allzusehr geschwächt werden, und nicht dabey bestehen können, so soll es bey dieser Einrichtung beständig verbleiben.

Articul 16.

Soferne über kurz oder lang, sehr große Sterbensläuften und Zeiten sich ereignen solten, (wofür uns die liebe Nachwelt, Gott in allen Gnaden bewahren wolle, nach seinem heiligen Willen,) und die Cassa dadurch sehr geschwächt und vom Gelde entblösset würde; So soll es, jedoch nur in dem höchsten Nothfall, denen sämmtlichen Mitgliedern auch vorbehalten seyn, hierin die Vorsehung zu thun, dass die Cassa wieder mit dem benöthigten Gelde unterstützet, und in aufrechtem Stande erhalten werde. Zu dem Ende, kann alsdann auf ihr Gutbefinden, beschloßen werden, dass die sämmtlichen Mitglieder, wieder auf ein Jahr oder längere Zeit, ein jeder wochentlich wieder 2 kr. dazu beysteuren. Oder wie sie es sonsten, vor das beste, leichteste und dienlichste Mittel dazu alsdenn erkennen werden.

Articul 17.

Schließlich sollen diese Articul, einem jedem, der sich bey dieser Leichengesellschaft einkaufen will, vorgelesen werden, und muß ein jeder versprechen, diesen Articuln nachzukommen. Es sollen auch diese Articul sonsten auf keinerlei Weise, als darin im 15 und 16 Articul bemeldet ist, und unter keinerley Vorwand verändert — sondern stet und vest darüber gehalten und vollzogen werden. Und so etwa ein Mitglied sich finden solte, das sehr widerwärtig, einrißigig und zanksüchtig wäre, oder sonsten auf irgend eine Art, großer Streit und Mißhelligkeiten, seinetwegen entstehen solten, so sol man ihm lieber von seinem eingelegten Gelde, nach dem 13 Articul die Hälfte oder auch wohl nach Beschaffenheit der Umstände, sein eingelegtes Geld ganz herausgeben, den Schein von ihm abfordern und unterschreiben laßen, und ihn also von der Leichen-Gesellschaft völlig ausschließen und ausstreichen.«

Das Dokument wird mit der frommen Bitte abgeschlossen:

>Nun getreuer Heyland Herr Jesu!
>Schreib' unsern Nahmen auf beste, ins Buch des Lebens ein;
>und bind uns'r Seel fein feste, ins schöne Bündelein,
>der'r, die im Himmel oben, schon seelig leben frey;
>So woll'n wir ewig loben, dass dein Herz treue sey.

Liest man das ganze Schriftstück, in dem doch ökonomische Anliegen abgehandelt werden, sehr kritisch, dann ist leicht zu finden, daß es vom Anfang bis zum Ende einer geschickten Werbung dienstbar gemacht wurde. Sie wendet sich an das zukünftige Mitglied. Wie noch heute wird die Vorsorge für den Todesfall dringlich empfohlen. Damit wird den Hinterbliebenen geholfen. Dann aber entwickelt sich daraus eine fast großartige Überhöhung: Der Versicherte tut ein gutes Werk. Die Hinterbliebenen werden ihn dafür loben und preisen. Auf jeder Seite ist vom Tode die Rede. Auch die erbauliche Betrachtung des gottseeligen Amadei Creuzberg über das Wort: »Vater, meinen Geist befehle ich in deine Hände« gehört hierher. Der Tod macht Ängste, aber durch die Betrachtungen des Glaubens wird ihm das Ärgste wieder genommen. Ja, es wird sogar gesagt, daß es der geistlichen Vorsorge neben der leiblichen bedarf. Gott aber wird die christliche Nächstenliebe nicht unbelohnt lassen, sondern die (Mitglieder) Förderer zeitlich und ewig segnen.

Das Schriftstück ist ein eindringliches Zeugnis für die Wirtschaftsgesinnung des 18. Jahrhunderts. Gott ist in alle Geschäfte der Welt eingeschlossen. Aus dem Glauben erwächst seine Mitwirkung und das Gelingen. Er belohnt das barmherzige Werk und die Bitte um Profit. Scheint dieses Verhalten auch recht unbekümmert zu sein, so ist es doch wohl ein Zeichen dafür, daß Gott noch nicht in die Kirchen eingesperrt ist, sondern daß der Mensch in allen seinen Verrichtungen noch mit ihm verbunden ist. Freilich läßt sich dabei nicht übersehen, daß die Anrufung Gottes immer mehr zur leeren Formel wird, bis sie schließlich ganz unterbleibt. Im Jahre 1865 werden die Satzungen neu gefaßt. Der sachliche Inhalt ist der gleiche wie bisher. Also haben die Grundsätze der Gründung sich bewährt. Nur der barocke Schwulst und die Anrufung Gottes sind entfernt worden. Fortan repräsentieren die Satzungen den nüchternen Geist der modernen Wirtschaftsgesinnung.

Printed by Libri Plureos GmbH
in Hamburg, Germany